OFICINAS DE MATEMÁTICA E DE LEITURA E ESCRITA

Dados Internacionais de Catalogação na Publicação (CIP)
(Câmara Brasileira do Livro, SP, Brasil)

CENPEC
Oficinas de matemática e de leitura e escrita: escola comprometida com a qualidade / Vários autores. CENPEC - Centro de Pesquisas para Educação e Cultura. – 3. ed – São Paulo : Summus, 2002.

ISBN 978-85-323-0769-9

1. Cidadania 2. Educação - Qualidade 3. Escrita 4. Leitura 5. Matemática - Estudo e ensino I. Título.

02-1292 CDD-370.78

Índice para catálogo sistemático:

1. Pesquisa : Educação 370.78

OFICINAS DE MATEMÁTICA E DE LEITURA E ESCRITA

Escola comprometida com a qualidade

CENPEC

Centro de Pesquisas para
Educação e Cultura

summus
editorial

OFICINAS DE MATEMÁTICA E DE LEITURA E ESCRITA
Escola comprometida com a qualidade

Capa: **Tereza Yamashita**

summus editorial

Departamento editorial:
Rua Itapicuru, 613 – 7º andar
05006-000 – São Paulo – SP
Fone: (11) 3872-3322
Fax: (11) 3872-7476
http://www.summus.com.br
e-mail: summus@summus.com.br

Atendimento ao consumidor:
Summus Editorial
Fone: (11) 3865-9890

Vendas por atacado:
Fone: (11) 3873-8638
Fax: (11) 3873-7085
e-mail: vendas@summus.com.br

Impresso no Brasil

ÍNDICE

Apresentação

No mundo atual, em que as relações dos países estão assentadas cada vez mais em sistemas integrados globalmente, a busca de uma educação de qualidade para todos, no Brasil, deve responder ao desafio de construção de um modelo de desenvolvimento produtivo, competitivo internacionalmente, mas norteado pela eqüidade interna, isto é, pela construção de uma sociedade mais justa e solidária.

Ainda que aparentemente dicotômicos, eficiência e eqüidade são fatores que devem estar fundamentados na apropriação do conhecimento como recurso para alcançar uma melhor produtividade nacional. Nesse sentido, cabe à escola garantir a seus alunos a aprendizagem do conhecimento socialmente relevante, a fim de que possa cumprir sua função primordial de formar cidadãos capazes de participar da vida política social e econômica da sociedade contemporânea.

Dentre as competências e habilidades básicas que a escola deve garantir para possibilitar a seus alunos o exercício da cidadania, estão leitura e escrita, cálculo e resolução de problemas.

Tornar a educação um instrumento eficaz que contribua para a construção de uma sociedade mais justa e solidária significa reorientar o ensino a fim de possibilitar a formação de cidadãos capazes de interpretação, reflexão e ação sobre a realidade. Nessa direção insere-se a presente publicação que, a partir de um análise inicial acerca da qualidade do ensino, busca discutir situações concretas de sala de aula norteadas pelas competências mencionadas acima. É no âmbito da escola que diretrizes nacionais e locais devem se tornar concretas e ser implementadas.

Nesse contexto, leitura e escrita, raciocínio e resolução de problemas são concebidos não apenas com conhecimentos em si, mas como competência fundamentais para o exercício da cidadania e, portanto, devem ser trabalhadas tendo como eixo norteador a interação social. É no processo de interação com a cultura e de interlocução como o outro que o indivíduo se constitui como sujeito. Esse processo que integra o social e o pessoal, o cotidiano e o contemporâneo deve almejar como pontos de chegada:

- capacidade de expressar, descrever e analisar o próprio pensamento;
- capacidade de descrever, analisar e resolver problemas relativos ao meio social em que o indivíduo está inserido;
- capacidade de análise crítica em relação aos meios de comunicação e às informações a que o indivíduo tem acesso;
- capacidade de autonomia de modo a propiciar ao indivíduo condição de enfrentar e resolver problemas de seu cotidiano, ao mesmo tempo que o habilite a participar de forma ativa da sociedade, buscando, valorizando e utilizando-se dos conhecimentos e informações necessárias.

Assim, a formação da cidadania não é algo abstrato e vazio de significado, mas está fundamentada na apropriação do conhecimento socialmente relevante, no sentido de solidariedade e de uma ética pública. Cabe à equipe escolar, com o respaldo do poder público, assumir como sua a responsabilidade da construção de um projeto de escola que discuta os princípios e pressupostos aqui analisados.

Qualidade do Ensino Básico: O Desafio Brasileiro

Maria Alice Setubal

O objetivo de uma educação de qualidade para TODOS só adquire sentido em função de um projeto maior da sociedade brasileira, que seja capaz de integrar democracia, desenvolvimento econômico e eqüidade interna.

A sociedade moderna, através de suas inúmeras conquistas tecnológicas, criou sistemas cada vez mais integrados em nível mundial, ao mesmo tempo que mais complexos e diversificados. Frente a essa realidade, inúmeros estudos têm tentado buscar diretrizes para repensar o papel da educação numa sociedade sujeita a rápidas e profundas transformações. As necessidades e expectativas da sociedade têm colocado em xeque o modelo burocrático de escola, permeado por relações autoritárias e centrado em ações que objetivam mais o cumprimento de normas e regulamentos do que a garantia da aprendizagem para todos os alunos.

Se, de um lado, é fundamental que os educadores se debrucem sobre essa realidade, de outro não podemos ignorar que no Brasil problemas de base ainda não foram resolvidos e, portanto, convivemos com setores da economia que se caracterizam por um perfil modernizador, interagindo com amplos setores tradicionais, cujos integrantes vivem muitas vezes em condições mínimas de sobrevivência.

Nessa perspectiva, é fundamental que a questão educacional seja debatida no contexto das esferas política, econômica e social, relacionando-a não apenas a um modelo de desenvolvimento produtivo, mas, sobretudo, a um modelo norteado pela eqüidade, por um sentido solidário da vida e uma ética pública. O desenvolvimento do modelo neoliberal capitalista tem demonstrado a cada dia os limites da racionalidade tecnológica e das leis do mercado pois, ao dissociar a produção do emprego, aprofunda as desigualdades sociais e mostra-se incapaz de construir uma democracia participativa fundada na igualdade, diversidade, liberdade e solidariedade.

Ser cidadão é, como coloca Toro (1994), constituir-se como indivíduo capaz de participar na criação da ordem social — portanto, capaz de transformá-la. Na democracia, o público, o que convém e interessa a todos, se constrói e se fortalece na sociedade civil. O fortalecimento do público e das instituições públicas provém de que elas sintetizem e representem os interesses, contraditórios ou não, de todos os setores da sociedade. Ainda que não haja modelo ideal de democracia, toda ordem democrática está orientada a fortalecer os direitos humanos (fundamentos, políticos, econômicos, sociais, culturais e ambientais) e a proteger e desenvolver a vida (p. 29).

Lechner (1991), ao discutir os caminhos da democracia na América Latina, alerta para o fato de que procedimentos formais são fatores necessários, mas não suficientes para a consolidação de um sistema político, uma vez que os valores e crenças são igualmente importantes em sua legitimação. Nessa perspectiva, o autor desenvolve a idéia de comunidade, no sentido de pertencer a uma ordem coletiva:

"O mesmo processo de modernização, que rompe os antigos

laços de pertencimento e enraizamento, dá lugar à busca de uma instância que integre os diversos aspectos da vida social em uma identidade coletiva. Essa busca já não se deixa expressar em termos de progresso histórico ou de interesse de classe, nem se reconhece no discurso individualista utilitarista do mercado. Ela se nutre de desejos e temores que nos remetem às necessidades de sociabilidade e segurança, de desamparo e certeza, enfim, de sentimentos compartilhados. Nesse sentido, podemos ver na demanda por comunidade uma "solidariedade pós-moderna", mais como expressão de comunhão de sentimentos do que uma articulação de interesses" (Lechner, 1991, p. 577).

Lechner adverte que esse desejo de comunidade, ainda que difuso e contraditório, não pode ser descartado como mero resíduo tradicional, pois, se a democracia não assume essas demandas — cada vez mais exacerbadas pelo processo de modernização — governos populistas (como o de Fujimori, no Peru) ou movimentos fundamentalistas (como certas seitas protestantes ou o caso do Sendero Luminoso, no Peru) tenderão a se intensificar.

Durante os anos oitenta, diversos movimentos sociais desempenharam importante papel de resistência frente aos governos autoritários. No entanto, segundo Lechner, sua natureza reativa e de alternativa antiestatal (e não forma inovadora de integração social que teriam constituído) explicaria sua débil influência política na consolidação dos processos democráticos. Nesse sentido, o autor alerta que o fortalecimento da sociedade civil não visa configurar uma alternativa ao Estado, mas uma reforma do Estado, que fortaleça seu caráter democrático: "o estatismo se combate com mais cidadania" (p. 580).

Nesse contexto, pode-se apontar a formação da cidadania como função primordial da educação. Não existem modelos únicos ou soluções mágicas, mas, nos diferentes foros de debate da atualidade, representantes do governo e da sociedade civil têm apontado para a necessidade de a escola formar cidadãos capazes de participar da vida política, social e econômica da sociedade contemporânea.

Os egressos do sistema escolar devem possuir conhecimentos e habilidades cognitivas que lhes permitam entender e interpretar a enorme quantidade de informações e valores, transmitidos diariamente pelos meios de comunicação e pelas diferentes instituições com as quais mantém relações, de modo a participar mais ativamente da vida social e política. Coloca-se também aqui a necessidade de comunidade, expressa por Lechner. Na esfera econômica, o exercício da maioria das funções requer cada vez mais indivíduos com habilidades cognitivas básicas de raciocínio e de leitura e escrita, assim como atitudes de trabalho em equipe, autonomia e flexibilidade para adaptação a situações diversas. Cidadania começa com emprego, e sem educação dificilmente é possível a inserção no mercado de trabalho.

A exigência de formação de cidadãos implica a necessidade de um ensino de boa qualidade, em que todos os alunos aprendam com sucesso, garantindo-lhes a apropriação dos saberes considerados primordiais pela sociedade e o desenvolvimento de habilidade básicas. O principal direito do aluno é ter acesso ao conhecimento sistematizado e aos bens culturais da sociedade a que pertence.

Assim, explicitar o que seja qualidade no ensino deve constituir o foco da reflexão dos educadores, de modo que estes possam contribuir para a construção de uma escola comprometida com a adequada formação de seus alunos.

A questão da qualidade acaba por assumir diversas conotações. Uma visão amplamente divulgada privilegia a gestão escolar como eixo norteador para alcançar uma escola de qualidade, utilizando ferramentas e concepções da metodologia conhecida como *Qualidade Total*. Uma interpretação possível da adoção dessa metodologia é que a escola fique inserida na lógica do mercado, em que prevalece a competitividade; ora, na escola, o que está em jogo não é a competitividade, mas o atendimento ao conjunto da população.

A educação pública encontra-se em estado de deterioração não apenas devido a sua má gestão, mas sobretudo devido a questões políticas e econômicas que atravessam a sociedade brasileira. Ao atribuir à gestão a causa primordial das mazelas do sistema educacional, propõem-se mecanismos que, embora tragam para a escola a participação da comunidade e a noção de compromisso com a clientela, apenas superficialmente tratam das questões fundamentais da educação: o conhecimento, o aprender o quê, o ensinar o quê e para quem. A lógica da qualidade total é assim questionada não por sua proveniência da esfera do mercado, mas porque sua própria utilização implica distorção das raízes do problema, eludindo a discussão de uma política educacional voltada para o acesso universal ao conhecimento, em um projeto de sociedade mais justa e solidária.

Xavier (1994), ao discutir o novo paradigma gerencial na educação, busca neutralizar pontos de vista diferenciados, apontando como maior desafio ao sistema educacional a oferta de um ensino de qualidade, em que a formação do cidadão participativo, crítico e consciente esteja assentada nas exigências de eficiência e eficácias nas relações ensino-aprendizagem. Enfatiza assim o autor que "uma visão meramente técnica do processo gerencial seria tão equivocada como uma visão estritamente política desse mesmo processo" (p. 5).

No entanto, a questão que se coloca diz respeito ao foco de análise. Políticas sociais não podem se nortear prioritariamente pela eficiência, ainda que necessária e desejável, mas devem ter na eqüidade seu objetivo principal.

Em relação à gestão do sistema, torna-se urgente a articulação das esferas públicas de poder, a garantia de continuidade nas políticas e programas, o redimensionamento e democratização dos canais e recursos do financiamento em educação, a garantia aos municípios de autonomia na gestão dos recursos financeiros, o fortalecimento das articulações entre o MEC, o Congresso Nacional e outras esferas de governo.

A modernização e a articulação da gestão do sistema educacional implica a busca de um novo padrão de atuação do Estado, mais ágil e flexível, para que se possa alcançar um Estado democrático. Isso implica, conforme as conclusões do simpósio "A Profissionalização do Ministério e das Secretárias de Educação" (Brasil & OREALC, 1994), contar com a contribuição mais efetiva de amplos segmentos da população, tanto para formular quanto para responder aos variados reclamos para os quais ele é chamado. Só o Estado é capaz de criar um espaço onde ocorra um diálogo entre iguais e onde o acordo sobre o que é considerado de interesse comum dos cidadãos passa a informar a ação que pode satisfazer tal interesse. O Estado democrático deve expressar a síntese das contribuições advindas dos diferentes interesses formulados pela sociedade civil.

É fundamental, a nosso ver, que o sistema educacional como um todo e a escola de forma específica rompam com o modelo burocrático que lhes é característico, tão fortemente enraizado entre seus integrantes. Uma organização burocrática regula seu trabalho pela conformidade às regras fixadas e obediência às leis, não dando espaço para inovação, participação e criatividade. Nas escolas, romper com o modelo burocrático de funcionamento é, antes de mais nada, criar condições para que as transformações não sejam bloqueadas por argumentos burocráticos, para que haja envolvimento de todos os profissionais da escola em dinâmicas de mudança.

Uma nova forma de atuação pode ser delineada, desde que o poder público defina grandes finalidades a serem atingidas, e a equipe escolar possa realizar a adequação desses objetivos a sua realidade específica, desencadeando ações para viabilizá-los, ou seja, possa equacionar e concretizar sua autonomia.

A questão da autonomia e do fortalecimento da escola como centro de decisão insere-se no contexto das sociedades contemporâneas, onde a complexidade dos sistemas sociais e econômicos impossibilita a implantação de modelos únicos e universais. Como ordenadores das discussões de política educacional, buscam-se padrões que reflitam eqüidade com qualidade.

> "A eqüidade só será alcançada se se lograr êxito em oferecer a todos um patamar básico comum de escolaridade com qualidade. Atingir este patamar, com pontos de partida sociais e econômicos tão desiguais, impõe a necessidade de estimular modelos diferenciados e flexíveis na organização escolar que desenvolvam formas de gestão pedagógica para cumprir eficientemente a tarefa de ensinar o que deve ser comum a todos. Essa desigualdade nos pontos de partida e a eqüidade no cumprimento de requisitos básicos comuns, nos pontos de chegada, requer quase que obrigatoriamente maior autonomia das escolas, na medida em que é praticamente impossível prever a diferenciação social a partir de instâncias centralizadas de normalização e planejamento. Por outro lado, requer também fortes mecanismos de compensação financeira e técnica, a fim de que a autonomia não produza efeitos regressivos" (Mello, 1991, p. 187).

Analisando as dificuldades estruturais enfrentadas pelo sistema educacional, no Brasil e em outros países, diversos estudos (CENPEC & UNICEF, 1994; Silva, 1993; Hutmacher, 1992; Nóvoa, 1992; Mello, 1991) têm apontado a importância fundamental da unidade escolar no processo de ensino e elaboração do conhecimento.

É no âmbito da escola, com sua proximidade, conhecimento da comunidade e dos problemas locais, que as diretrizes nacionais e locais devem tomar concretude e serem implementadas. Para isso, no entanto, torna-se fundamental a reorientação dos órgãos centrais no sentido de uma maior racionalização da máquina e descentralização das decisões, ao mesmo tempo que se garantam recursos e condições necessários para que a escola possa delinear e implantar seu próprio projeto, em consonância com as diretrizes das demais instâncias governamentais. A autonomia da escola deve ser pensada sem perder de vista o sistema e a rede de escolas, e para isso deve ser construída uma teia de relações, expressa em caminhos de mão dupla, entre órgãos centrais, escolas e comunidade.

> "Refletir sobre as condições necessárias que possibilitam à escola assumir a responsabilidade por sua ação educativa, através da construção de um projeto que garanta o acesso, a permanência e o sucesso de seus alunos, conduz ao entendimento de que a reestruturação da gestão do sistema e da escola representa um meio, um dos fatores, e não um fim em si mesma" (Setubal et alii., no prelo).

Para cumprir sua função social, a escola precisa considerar as práticas da sociedade, sejam elas de natureza econômica, política, social, cultural, ética ou moral.

Deve considerar também as relações diretas ou indiretas dessas práticas com os problemas específicos da comunidade local a que presta serviços. Por isso, é fundamental conhecer as expectativas da comunidade servida pela escola, suas necessidades, formas de sobrevivência, valores, costumes e manifestações culturais e artísticas. É através desse conhecimento que a escola pode atender a comunidade e auxiliá-la a ampliar seu instrumental de compreensão e transformação do mundo.

Nessa perspectiva, a gestão da escola não pode ser tarefa apenas do diretor, mas de todos os que nela estão envolvidos: professores, pais, alunos, funcionários e comunidade. Ao partilhar a gestão com a comunidade, através de conselhos escolares, a escola pode chegar a soluções próprias, mais adequadas às necessidades e aspirações dos alunos e de suas famílias, sem perder de vista as questões mais amplas da sociedade contemporânea, definindo assim seu projeto.

A fala da Secretária de Educação de Ijuí, RS, expressa essa concepção educacional:

> "...cada escola municipal assume papel relevante na comunidade como fator integrador: enquanto busca o atendimento das demandas locais em sua especialidade, apóia-se nas potencialidades de cada comunidade para trabalhar e recriar o saber socialmente valorizado" (Luchesi, 1994).

Ao abrir seu espaço para a participação efetiva da comunidade escolar, a escola poderá se tornar um espaço realmente público, isto é, pertencendo a todos aqueles que dele se servem. Os diferentes segmentos aí inseridos poderão reconhecer como seu o projeto aí desenvolvido. A construção de tal projeto exige planejamento e instrumentos que o viabilizem de forma ordenada, sistematizada e contínua. O improviso ou o espontaneísmo não sustentam uma gestão realmente democrática, que dê conta da função social da escola.

O desafio que se coloca é a busca da identidade como escola, sem perder de vista seu objetivo mais amplo e primordial: formar cidadãos que atuem e participem na construção de uma nova ordem social. Para isso cabe à escola ensinar, isto é, garantir a todos os seus alunos a aprendizagem do saber considerado socialmente relevante, de forma a que sejam capazes de relacionar as questões de seu cotidiano às da sociedade contemporânea.

A delimitação consensual do saber relevante implica definir aprendizagens e habilidades básicas, que necessitam ser melhor discutidas nas diferentes esferas de poder. Segundo o Plano Decenal (Brasil, 1993), é consensual a necessidade de competências em leitura, escrita, cálculo e resolução de problemas nas diversas áreas do conhecimento. Faz-se necessário, entretanto, esclarecer que essas competências devem ser trabalhadas na direção de seus usos e funções, portanto de seu sentido para o aluno. A escola deve garantir a todos os alunos a capacidade de se expressar de forma oral e escrita, com precisão, para analisar, comparar e expor seu próprio pensamento; deve desenvolver habilidades de raciocínio matemático e a capacidade de descrever, analisar e criticar o meio social a sua volta, conduzindo o aluno não apenas a decodificar informações, mas sobretudo a adquirir capacidade de análise e de resolução de problemas — condições fundamentais para o acesso à cidadania plena, e um exercício a ela.

Saber buscar e usar informações é primordial numa sociedade, onde cada vez mais as informações são mutáveis e, por outro lado, são base para tomada e reorientação de decisões. Assim, é o conhecimento o objetivo principal de reflexão e atuação da escola. A ela cabe garantir a aprendizagem, por todos os alunos, de todo o saber considerado relevante pela sociedade para o cumprimento de seu projeto de nação.

Assim, como já apontamos (Setubal, 1994), considerados contexto, limites, recursos e realidade própria, cada escola pública comporta a possibilidade de definir e desenvolver seu projeto de escola. Ao ocupar seu espaço de autonomia para realizar o trabalho educativo, a escola faz mais do que adotar as diretrizes gerais formuladas para o sistema público como um todo. Com seu projeto, o caminho escolhido tem a sua marca, a escola assume feição própria, adquire personalidade, torna-se uma escola diferente.

O projeto de escola não começa de uma só vez, não nasce pronto. É muitas vezes o ponto de chegada de um processo que se inicia com um pequeno grupo de professores, com algumas propostas bem simples, e que se amplia, ganhando corpo e consistência. Nesse trajeto, ao explicar propósitos e situar obstáculos, os educadores vão estabelecendo relações, apontando metas e objetivos comuns, vislumbrando pistas para melhorar a própria atuação. Estão assim tecendo, no coletivo, o projeto que será o fio articulador para o trabalho de toda a escola, na direção que se pretende.

Nesse sentido, o projeto de escola é também um espaço para ser preenchido pela utopia daqueles que desejam transformar a realidade das coisas: tornar as pessoas melhores e a sociedade mais justa. Com um propósito comum, partilham significados e a atuação coletiva. O que dá estabilidade à construção de um projeto e pode sinalizar um processo de mudança é a consciência de que todos estão atuando e decidindo tendo em vista objetivos comuns. Para tanto, é necessário definir as atribuições de cada um dos integrantes da escola, de acordo com suas competências e âmbito de atuação.

É gradativamente que o projeto se estrutura e consegue permear o cotidiano da escola, modificando sua cultura, ou seja, seu jeito de ser e acontecer. E, quando isso acontece, todo o ambiente se contagia de entusiasmo, confiança e colaboração, frutos da adesão geral aos pontos priorizados. Pode-se dizer, então, que a escola já tem o seu projeto, que assim se caracteriza:

- é o concebido e elaborado por toda a equipe de educadores da escola, sob a coordenação do diretor e em colaboração com todos os agentes envolvidos na vida e no funcionamento escolar — alunos, funcionários, pais, representantes dos órgãos da administração do ensino;

- está centrado nos alunos, visando a melhoria de seu processo de aprendizagem e de seus resultados, de modo que os alunos não só permaneçam na escola, mas aprendam e cheguem ao final do percurso. Conseqüentemente, contém a indicação clara das *competências* que se espera que eles adquiram e da *ações* que deverão realizar para atingi-las;
- considera os alunos em seu contexto real de vida. Por essa razão, busca fortalecer as relações da escola com as famílias e articular as atividades escolares ao contexto da realidade local;
- prevê atividades de estudo e reflexão para a equipe de educadores, fortalecendo a escola enquanto instância de formação em serviço;
- interfere na articulação geral do currículo, na organização do tempo e do espaço escolar, uma vez que, para alterar a qualidade do trabalho pedagógico, torna-se necessário que a escola se reformule com um todo.

Se, por um lado, é verdade que o projeto se estrutura aos poucos, é também importante salientar que isso não ocorre espontaneamente: é preciso que se trabalhe com persistência e organização, ao longo de etapas necessárias. O ponto de partida é sempre uma análise da situação da escola e o levantamento do que se quer alterar ou melhorar; fixada a linha geral do projeto, explicitando o que se quer atingir, passa-se à seleção e preparação das ações concretas que permitirão atingir as metas desejadas, montando paralelamente um processo de acompanhamento e avaliação permanente do projeto em execução.

Um projeto construído coletivamente, gerido de forma

participativa e que, principalmente, vise de fato a aquisição de competências pelos alunos, tem sido o caminho de algumas escolas brasileiras na busca de qualidade.

Falar em educação de Qualidade para Todos é, pois, trabalhar no sentido de que cada escola possa construir tal projeto. É necessário, portanto, criar condições de implementação de uma política nacional — que contemple especialmente o resgate da dignidade profissional do educador — articulado nas diversas instâncias de governo e com a participação da sociedade civil, na direção de um projeto de nação.

Mobilizar a sociedade civil, segundo Toro (1994), é estimular e apoiar um processo que requer dedicação contínua e produz resultados cotidianamente; não se reduz à realização de eventos, nem à convocação de pessoas para manifestações públicas. Mobilizar é convocar vontades, partilhando interpretações e significados, para decidir e atuar em busca de um objetivo comum. Em nosso caso, o propósito é defender uma educação que sirva à construção de um projeto democrático, em que a produtividade esteja fundada na eqüidade.

Assim, mobilizar a sociedade na direção de um ensino de qualidade implica criar uma política que faça sentido para os diferentes setores da sociedade civil, de modo que estes se sintam engajados, representados por seus interesses. Nesse contexto, os fatores eqüidade e produtividade não surgem como dicotômicos. A produtividade para alcançar competitividade só pode estar assentada no conhecimento, fator primordial na sociedade contemporânea. E a atuação da escola de qualidade está voltada precisamente para garantir a apropriação do conhecimento por todos os seus alunos.

O foco de um ensino de qualidade, portanto, deve ser a possibilidade de apropriação, pelos alunos, do conhecimento socialmente relevante, em que o saber acadêmico, valores e tradições culturais sejam transmitidos e respeitados, de modo que todos se sintam identificados, ao mesmo tempo que instrumentalizados para compreender o mundo contemporâneo co-participando na construção de uma ordem democrática.

REFERÊNCIAS BIBLIOGRÁFICAS

BRASIL. Ministério da Educação.
Plano Decenal de Educação para Todos 1993-2003. Brasília, 1993.

BRASIL. Ministério da Educação. Conferência Nacional Educação para Todos, OREALC - Oficina Regional de Educatión para América Latina y Caribe. *Simpósio Profissionalização do Ministério e das Secretarias de Educação*. Brasília, 1994.

CENPEC - Centro de Pesquisas para Educação e Cultura. *Qualidade para todos: o caminho de cada escola São Paulo:* CENPEC; UNICEF, no prelo. (Projeto Raízes e Asas).

HUTMACHER, W. A. A escola em todos seus estados: da política de sistemas às estratégias de estabelecimento. In: NÓVOA, A. (Coord.) *As organizações escolares em análise*. Lisboa: Dom Quixote; Instituto de Inovação Educacional, 1992.

LECHNER, Norberto. A la búsqueda de la comunidad perdida: los retos de la democracia en América Latina. *Revista Internacional de Ciencias Sociales,* Barcelona, v. 129, pp. 569-81, Set/1991.

LUCHESI, Luíza. Educação municipal: pluralidade de vozes, cidadania em ação num espaço singular. *Tecnologia Educacional,* Rio de Janeiro, v. 22, nº 119/120, Jul-Out/1994.

MELLO, G. N. *Autonomia da escola: possibilidades, limites e condições.* Brasília: IPEA, 1991.

NÓVOA, A. Para uma análise das instituições escolares. In: NÓVOA, A. (coord.) *As organizações escolares em análise.* Lisboa: Dom Quixote; Instituto de Inovação Educacional, 1992.

SETUBAL, Maria Alice. A melhoria da qualidade do ensino: do discurso à ação. *Cadernos de Pesquisa,* São Paulo, nº 84, Fev/1993.

_______ . *Cidadania, projeto pedagógico e identidade da escola.* São Paulo, 1994. Mimeo.

SETUBAL, Maria Alice et alii. Currículo e autonomia de escola. *Idéias* [FDE], São Paulo, no prelo.

TORO, J. B. *La constructión de nación y la formación de educadores en serviço.* Bogotá, 1994. Mimeo.

XAVIER, Antonio C. R. *Um novo paradigma gerencial na educação: a revolução da qualidade.* Brasília, 1994, mimeo.

Formação Continuada e Mudanças na Prática Pedagógica: A Eficácia da Oficina

Raquel L. Brunstein *
Andrea Camara Carrer *
Izabel Brunsizian *
Renata M. Abreu Makray *

Este trabalho apresenta uma proposta de formação continuada desenvolvida sob a forma de oficina com professores do ensino fundamental ao longo de 1994, discutindo os fatores que influenciaram mudanças observadas em sua prática e no projeto pedagógico da escola em que atuam.

No contexto dos altos índices de repetência, especialmente nas séries iniciais do sistema educacional brasileiro, em que educadores e pesquisadores buscaram contribuições para reversão desse quadro, assistimos, em meados da década de oitenta, a uma ampla difusão das idéias de Emilia Ferreiro acerca da aquisição da língua escrita. A circulação dessas idéias no âmbito escolar gerou mudanças tanto nas diretrizes pedagógicas relativas à língua escrita quanto na formação do professor em serviço. Especialmente, trouxe

* Pesquisadores do CENPEC - Centro de Pesquisa para Educação e Cultura.

contribuições altamente positivas para repensar a relação ensino aprendizagem e a relação da criança com a escrita.

No entanto, dúvidas, distorções e confusões acabaram por permear a prática de muitos professores, possivelmente decorrentes de apropriação apressada, sem um maior aprofundamento das teorias construtivas e sócio-interacionista e dos aspectos centrais que as embasam.

Essa constatação suscitou nossa reflexão acerca da maneira como o professor se apropria de novas práticas em função da capacitação em serviço que recebe. Além do exame da literatura sobre da formação de professores (Gatti, 1989; Nóvoa, 1992; Silva, 1991), buscamos subsídios que pudessem iluminar a questão da interação, que é central tanto à aprendizagem do aluno quanto ao processo de ensino-aprendizagem na formação de professores. Partimos da convicção de que é preciso fortalecer a autonomia do professor, inscrito em um projeto pedagógico de escola norteado pelo compromisso com a boa formação do aluno.

A teoria da ação comunicativa de Habermas (1989) propicia uma análise das condições que permitem ao indivíduo construir meios eficazes de participação na sociedade, apontando para a necessária restauração da autonomia humana no mundo vivido, substituindo o modelo do sujeito solitário ante as esferas da economia e do Estado que, nas sociedades modernas, invadem e subordinam cada vez mais a esfera do mundo vivido. Este, nas palavras de Rouanet (1987, pp. 160-61), *"é o lugar das interações espontâneas, em que os locutores se encontram para conduzir o processo de argumentação, para formular suas respectivas pretensões de validade, para criticá-las, para aceitá-las, para chegar ao consenso...,"* remetendo ao modelo de ação comunicativa que supõe a intersubjetividade mediatizada pela linguagem. Habermas concebe o papel de sua teoria como o de propor interpretações que levem os sujeitos, imersos na falsa consciência, a reconhecerem-se como tal por processos de auto-reflexão, através da comunicação. Marcada de início pelo predomínio de relações assimétricas, onde alguns sabem o que outros não sabem, essa comunicação estimula a auto-reflexão, levando os sujeitos a assumirem livremente seu destino, adquirindo a capacidade de participar dos discursos de forma cada vez mais simétrica (Freitag e Rouanet, 1980).

A teoria da ação comunicativa analisa tais processos sob a perspectiva da sociedade como um todo, mas é possível pensá-la em termos da própria constituição do sujeito, recorrendo às idéias de Vigotsky, para quem esta se dá na interação com o outro, com a apropriação da experiência social veiculada pela linguagem. Na construção da identidade do sujeito na sociedade moderna, sabemos ainda que o papel profissional é um dos mais importantes suportes. Assim, no trabalho de formação continuada de professores, um dos objetivos deve ser o de refletir sobre esse papel, propiciando a interação com um grupo de apoio relevante (outros professores e técnicos ou especialistas), para que ele possa re-significar sua prática, sentindo-se integrante de um grupo com propostas comuns.

O programa de formação aqui proposto desenvolveu-se com essa preocupação, sob a forma de oficinas, com professoras de todas as séries do primeiro grau, ou seja, polivalentes e especialistas em Língua Portuguesa, em exercício na rede pública municipal de São Paulo. As cinco escolas envolvidas foram selecionadas em virtude do conhecimento prévio das pesquisadoras sobre seu compromisso com a questão da qualidade de ensino público. Os principais critérios para participação foram a adesão voluntária e a presença de pelo menos dois professores e um integrante da equipe técnica de cada escola no grupo, de modo a assegurar tanto o apoio à interação horizontal quanto a possibilidade de divulgação da concepção de ensino-aprendizagem proposta nas oficinas ao conjunto das equipes escolares, visando a construção de um projeto pedagógico próprio.

As vinte professoras participantes tinham em média vinte anos de experiência, a maioria com formação universitária. Possuíam em comum o fato de ter optado pela jornada integral de trabalho (JTI), o que significa que dispunham de dez horas semanais remuneradas, para participar do trabalho coletivo na escola e nas oficinas. Os elementos que coordenaram o trabalho em cada escola (quatro coordenadoras pedagógicas e um diretor) tinham perfil semelhante ao das professoras.

Procedimentos e objetivo

O trabalho aqui descrito envolveu: aplicação de questionários aos participantes em três momentos (início, meio e fim do ano letivo), entrevistas com participantes, além da condução e registro das oficinas propriamente ditas e dos demais encontros e observações realizadas.

As oficinas tiveram uma primeira etapa com uma carga concentrada de dezesseis horas (por quatro dias consecutivos), seguida de encontros mensais de quatro horas cada, ao longo do ano letivo, com a presença conjunta de professoras e coordenadores, realizados nas próprias escolas, em sistema de rodízio. Além disso, foram promovidas reuniões mensais dos coordenadores com as pesquisadoras, que também visitaram regularmente as salas de aulas das professoras participantes.

O trabalho em oficinas, pautado na ênfase à interação, visava transmitir e ilustrar, pela própria maneira como era conduzido, as concepções teórico-metodológicas da equipe de capacitadoras. Trabalhamos sempre a partir de textos da literatura adulta de ficção, de diferentes naturezas e linguagens, propondo atividades de produção de escrita e reflexão, em variadas organizações de subgrupos. Assim, em todos os encontros procuramos garantir que os participantes pudessem vivenciar momentos de trabalho e reflexão em pequenos grupos, em duplas, coletiva e individualmente; todos leram, escreveram, trocaram textos, reescreveram, discutiram, sempre refletindo, ao mesmo tempo, sobre a relevância e a finalidade de cada atividade desenvolvida.

A proposta interativa característica da oficina permite a cada participante vivenciar, com o grupo, práticas que refletiam novas formas de conceber o ensino e, simultaneamente, discutir as concepções subjacentes a essas práticas, com a ajuda do interlocutor experiente, na figura do capacitador.

Apesar de termos traçado os pontos de partida e chegada do trabalho com clareza, não fizemos um planejamento a priori para todas as oficinas: cada encontro foi planejado sobre o *feedback* do anterior, dos resultados da observação e das discussões com os coordenadores.

Este trabalho buscou identificar alguns fatores que, se presentes em um programa de capacitação de professores, nos moldes da oficina aqui proposta (e a partir de nossa atuação enquanto capacitadoras), contribuem para que os professores se apropriem de concepções e dominem estratégias que lhes permitam atuar em sala de aula com uma concepção de aprendizagem fundada na interação social.

Levantamos e discutimos, aqui, as seguintes questões:

- como as mudanças provocadas nas concepções e crenças em relação ao processo de ensino-aprendizagem se refletem em mudanças nas representações que os participantes constroem sobre suas práticas e nessas próprias práticas, segundo as respectivas funções (professor, coordenador); ou, em outras palavras, como a construção de saberes se reflete no saber-fazer;

- em que medida a continuidade do grupo no decorrer do ano, a heterogeneidade de sua composição e a presença dos coordenadores favoreceram os objetivos propostos;
- como a utilização da literatura e o estímulo à auto-expressão, aliados ao constante reforço da auto-estima dos participantes, favorecem a interação no grupo e mobilizam a auto-reflexão para uma atuação autônoma e mais eficaz.

Reflexão, interação e vivência de práticas pedagógicas

Cada oficina foi planejada de modo a assegurar intensa interação, incluindo tanto a vivência coletiva de práticas pedagógicas quanto a troca de relatos sobre atividades desenvolvidas pelos participantes em suas respectivas escolas, no período entre uma e outra sessão. Nos momentos de troca de experiências, as capacitadoras sempre procuravam destacar o que era positivo, com o cuidado de não permitir que resvalassem para a troca de receitas, procurando refletir coletivamente sobre o embasamento e a finalidade de tal ou qual atividade.

Os participantes foram unânimes em destacar a importância dessa vivência coletiva e da oportunidade de troca.

> *"Uma coisa que eu achei interessante das oficinas é o fazer com os professores, em vez de ficar falando... [quando se vê] o quanto é rico essa coisa da troca, aí sim se aprende!" (Professora do 2° ano, ciclo I.)*

É importante destacar que as práticas propostas não eram modelos a serem replicados em sala de aula. O foco da oficina era a função social da escrita, não sua mera utilização escolar.

Os textos utilizados foram retirados da literatura adulta, e os textos produzidos pelos participantes visavam a autoexpressão e a comunicação com os pares. No entanto, as capacitadoras tinham como preocupação constante subsidiar e provocar a reflexão sobre as pontes possíveis entre as atividades que vivenciavam e a prática em sala de aula.

> *"Num curso comum você vê só a parte teórica, e depois você esquece... Às vezes, fica guardado no caderno e nem usa aquilo que escreveu. Na oficina você põe em prática, e aí interioriza mais, e além de tudo você tem o contato com os colegas, tem um retorno. Você fez de um jeito, sua colega viu, fez de outro, você vai comparando, modificando (...) passando pelo eixo teoria-prática do professor-prática da sala de aula."* (Professora do 1º ano, ciclo I.)

Essa vivência levou a mudanças nas práticas das professoras, embora em graus variados de efetividade. A comparação entre o discurso de professoras, tal como visto nas entrevistas, e o que realmente ocorreu em sua prática docente, tal como observado ao longo do ano, permite inferências interessantes sobre a efetividade da mudança. Eis as falas de duas professoras quando interrogadas sobre o que as leva a experimentar um prática nova em sala de aula.

> Professora A: *Eu adoro, amo mudar. Acho que é aí que a gente consegue acrescentar alguma coisa. É por isso que eu digo que a rotina me cansa, eu gosto de mudar muito.*

> Professora B: *Eu era uma pessoa com viseira, que só olhava em uma direção, acostumada com aquela rigidez. Sempre achei que o que eu fazia era absolutamente certo e tinha de ser daquele jeito...*

Para a primeira professora, pudemos verificar que o mudar parece implicar a possibilidade de experimentar o novo, mas não necessariamente incorporar o novo à prática diária de trabalho, ou mesmo buscar saber por quê está fazendo aquilo. Várias vezes observamos situações em sua sala de aula em que introduzia algo que havia vivenciado na oficina, mas que, transcorridos, dois ou três dias (em que as crianças pareciam inclusive já ter incorporado o novo na rotina), era abandonado sem maiores explicações.

Levantamos a hipótese de que, nesse caso, o novo é interpretado como novidade e, portanto, transforma-se rapidamente em velho e pode ser descartado. A novidade é aquilo que, segundo Lerner (1994), provoca uma inovação superficial, não provocando mudança efetiva na prática pedagógica; uma novidade é logo substituída por outra, gerando a ilusão de que se está mudando. A falta de embasamento e de atitude de análise descartam a possibilidade de se extraírem lições, tanto mais que o fracasso de uma prática aciona automaticamente a adoção de outra novidade.

O entusiasmo das professoras pelas novas atividades relatadas pelas colegas levou a que, em certos momentos, ocorresse apenas troca de figurinhas, para aumentar o repertório de atividades em sala de aula, sem questionar o sentido e a finalidade subjacentes a tais atividades.

Face a isso, as capacitadoras orientavam para focalizarem as concepções que estão por detrás de tais práticas, com perguntas como: em que medida isso favorece a interação entre os alunos? Ou isso visa melhorar o desempenho do aluno enquanto escritor, ou melhorar um determinado texto?

A fala da professora B reflete as características daquelas que estavam relativamente satisfeitas com as práticas que vinham desenvolvendo, consistentes, embora seguindo uma linha mais tradicional. Vencendo alguma resistência inicial, acabaram por introduzir em suas salas de aula mudanças refletidas, não por modismo, não só na forma de tratar certos conteúdos escolares (na área da Língua Portuguesa), como em sua relação com os alunos e destes com os conteúdos. Seus alunos passaram a trabalhar com mais autonomia, trocaram entre si, vivenciaram momentos coletivos de pensar a escrita e passaram a encarar a leitura de outra forma. Seus textos ganharam qualidade não somente na forma, mas também no conteúdo. E a professora B diz: *(...) de uns tempos para cá, eu venho mudando completamente. Coisas que eu jamais permitiria que acontecessem na sala de aula, já estou permitindo. Tenho a impressão que o que tem feito com que eu me abra mais para experimentar é justamente a falta de resultados que a gente vinha tendo.*

Esta professora, juntamente com as demais que representa, demonstrara grande insatisfação com os resultados que os alunos vinham obtendo, assim como um forte senso de responsabilidade quanto a seu sucesso ou fracasso.

> *Agora acho que os resultados são conseqüências do tipo de trabalho que a gente faz. Acho que, para essas crianças, a gente pode fazer mais. E agora eu sei como. Eu posso me modificar ainda mais.*

Cabe destacar, porém, que não basta haver insatisfação ou vontade de mudar para que ocorram mudanças efetivas. Uma vez sentida a necessidade de mudança para reverter resultados insatisfatórios, o professor precisa partilhar reflexão e experiência com os pares.

Freqüentemente, o relato de experiências permitiu o confronto de idéias e surgimento de alternativas, ampliando o repertório de cada uma.

Possivelmente, ao verificar consigo mesmas e no grupo de pares os resultados positivos de determinadas práticas, as professoras que investiram na reflexão sobre as concepções subjacentes incorporam-nas a sua rotina de trabalho. Não as utilizaram como meras estratégias temporárias, mas as integram a sua metodologia de trabalho, traduzindo suas novas concepções sobre ensinar e aprender. Tais mudanças refletiram-se nitidamente na apropriação, por parte dos alunos, de uma nova forma de conceber os conteúdos escolares.

Assim, a relação com a produção de texto, por exemplo, que em práticas tradicionais reveste-se de aspectos mecânicos, ausência de significado e da mera preocupação com a correção ortográfica, pôde ser transformada quando as próprias professoras defrontaram-se com o desafio de produzir textos e obtiveram subsídios para enriquecê-los. Durante a observação em uma classe, uma aluna, mostrando o texto que então produzia, alertou-nos: *não olhe agora se está escrito certo ou errado. Esse é o meu primeiro rascunho e ainda vou poder mexer nesse texto outras vezes. Agora, olhe só as idéias* (aluna, 1° ano, ciclo II).

De uma maneira geral, as mudanças percebidas na atuação das professoras, embora variem em forma e grau, incidiram sobre os seguintes aspectos da prática em sala de aula: passaram a preocupar-se com o desenvolvimento da autonomia dos alunos, organizando de diferentes modos o espaço em sala de aula, favorecendo o trabalho autônomo; passaram a propiciar um clima de franca interação professor-aluno e dos alunos entre si; e tornaram a literatura infantil o eixo articulador do trabalho com leitura e escrita.

Continuidade e heterogeneidade do grupo

Dois aspectos que parecem decisivos na efetividade dos avanços obtidos referem-se à continuidade ao longo do ano letivo e à própria forma como foi constituído o grupo da oficina, por sua heterogeneidade de composição.

A distribuição das sessões de oficina ao longo do ano garantiu o espaço de tempo necessário à reflexão, experimentação de práticas e amadurecimento de idéias, com nova análise e discussão na oficina seguinte. Para muitas professoras, o que se iniciou apenas como novidade resultou em mudanças mais profundas, na medida em que puderam ir discutindo com os participantes e capacitadoras os resultados positivos de sua atuação renovada junto aos alunos. Além disso, a continuidade e regularidade dos encontros propiciou um clima favorável às trocas, favorecendo o estreitamento de laços e permitindo que o grupo se tornasse forte e coeso, nas palavras de uma coordenadora.

A heterogeneidade do grupo foi considerada altamente enriquecedora, possibilitando uma visão mais abrangente e favorecendo a expansão das aquisições nas oficinas ao coletivo das respectivas escolas. Várias participantes perceberam a possibilidade de complementaridade, entre especialistas e polivalentes, entre professoras de um mesmo nível ou de níveis distintos.

> *Aí, quando comecei a trabalhar com a professora do primeiro ano, descobri o que era o ciclo, (...) descobri que podia ser diferente, que eu podia fazer de outro jeito. Aprendi através deste trabalho das oficinas.* (Professora do 2º ano, ciclo I.)

A presença no grupo de uma parceria da mesma escola foi valorizada por várias participantes.

> *Esse ano eu tinha a X. Trabalhamos muito juntas. É importante ter com quem trocar. (...) e, num período de mudanças na escola, que haja alguém com quem a gente possa discutir nossas angústias.* (Professora. 1º ano, ciclo I.)

Acreditamos que foi decisiva, no entanto, a presença dos coordenadores junto às professoras. Nos momentos de trabalho em pequenos grupos, na oficina, foi comum reunirem-se professoras de certas escolas com a coordenadora de outra, ocasiões em que esta última tomava contato com práticas desenvolvidas em escolas diferentes e fornecia orientações pertinentes a professoras que não as suas. Por outro lado, ao constatar que certas professoras se apropriavam de determinadas estratégias apenas por sua novidade, os coordenadores perceberam a relevância de seu próprio papel e a necessidade de intervir junto a elas, buscando melhor fundamentação.

> *Devemos ver o que está por detrás... Existe algo além do contar, ouvir e copiar.* (CP)

Redescoberta do papel dos coordenadores pedagógicos

A estratégia de reunir apenas os coordenadores em encontros mensais, duas semanas após cada oficina, no decorrer do ano, foi produtiva não só ao permitir a discussão e a sistematização dos princípios recentemente explicitados, mas ao propiciar-lhes um fórum único. Todos expressaram claramente a importância dessas reuniões para seu trabalho. Alguns valorizaram mais estas reuniões do que as sessões da oficina, considerando esse pequeno grupo mais rico, amenizador da solidão de seu trabalho na escola: *não tenho outro interlocutor na escola...; as reuniões me alimentaram para suportar o dia-a-dia solitário do CP na escola; o grupo dos CPs deu um enriquecimento imprescindível, fomos ficando com mais certeza... foi o espaço de trabalho mais importante e útil.*

Nessas reuniões, tiveram a oportunidade de partilhar problemas, comentar projetos da Secretaria, ou mesmo divulgar entre si textos para serem usados em reuniões com pais ou professores. Principalmente, porém, puderam elaborar ou modificar suas opiniões alimentados pelas falas dos colegas: *a oficina desafiou, levando-me a buscar textos teóricos, ser mais atenta ao coletivo; a reunião acorda questões ador-*

mecidas... [aqui] sempre discutimos porque você fez isso...; [agora vejo] que cabe ao coordenador fazer a ponte entre teoria e prática.

Um momento de inflexão nítida em seu trabalho ocorreu em junho de 1994, quando propusemos a leitura de um texto sobre o trabalho coletivo na escola, dinâmica de grupos e sua avaliação (retirado do material Raízes e Asas — CENPEC, 1994). Essa leitura provocou mudança de postura nas relações entre coordenadores e o grupo de professores das respectivas escolas.

Outro procedimento que contribuiu para isso foi a oportunidade de verem seu próprio trabalho pelo olhar do outro. Por vezes, nessa reuniões, uma coordenadora relatava ou comentava atividades apresentadas por uma professora de outra escola que não a sua durante a oficina anterior. Os demais podiam então perceber a prática de suas professoras sob outro prisma. Passaram a perceber os diferentes momentos em que se encontravam suas respectivas equipes docentes e a necessidade de adequar sua atuação a elas: esta é a minha função agora, ou agora estou mais fortalecida para voltar a atenção a meu grupo.

De fato, pode-se argumentar que o fortalecimento do coordenador e sua atuação mais refletida contribuem para a mudança da atuação do professor em sala de aula e para mudanças significativas no trabalho da escola como um todo. A presença dos coordenadores nas oficinas e reuniões foi determinante para ampliar os ganhos obtidos para o âmbito da escola, como efeito multiplicador. Alguns introduziram o dia do relato para divulgar as idéias da oficina entre os demais professores da escola, um outro comentou estar abrindo novas frentes de trabalho em sua unidade.

O planejamento de trabalho voltado para objetivos determinados, a melhor compreensão da dinâmica do grupo de educadores e a sistematização dos encontros na escola são alguns dos fatores que possibilitaram a discussão de questões relativas ao papel da escola, à prática educativa e à relação professor/aluno.

Antes do início das oficinas, em duas das cinco escolas participantes havia um espaço de trabalho coletivo com atividades pontuais e emergenciais. Nas outras três mantinham-se certas atividades de suporte ao professor, embora não contassem com um projeto pedagógico específico da escola. Em todas, os professores pareciam contar mais consigo próprios para lidar com as situações de sala de aula.

Ao longo do ano, pudemos perceber mudanças na forma como o coordenador compreendia a aprendizagem do professor e como organizava os encontros coletivos na escola. Em vez do atendimento emergencial, passaram a selecionar questões específicas para trabalhar com a equipe, partindo da realidade de sala de aula como subsídio para a reflexão, obtendo, cada um a sua maneira, avanços em sua prática.

Ao final de 1994, em todas as escolas participantes havia se aberto um espaço de discussão e reflexão da prática do professor, agora alinhavadas em um projeto de trabalho coletivo. Quanto ao futuro, sabemos que, embora questões de outras ordens possam interferir nas decisões tomadas pela equipe docente, a experiência vivida e reconstruída pelos participantes da oficina ficou enraizada e continuará a produzir novos frutos.

Reforço à auto-estima dos escritores

Um dos fatores que contribuiu para o sucesso da oficina reside em seu próprio conteúdo, no caso a utilização da literatura e as atividades de produção de texto, aliadas à postura das capacitadoras de respeito e incentivo aos participantes (Calkins, 1989).

No decorrer dos encontros foram lidos textos curtos, trechos de livros, poemas ou letras de músicas de autores contemporâneos, utilizados como motivadores para a produção escrita. A literatura, despertando sentimentos e vivências anteriores, tem um efeito sensibilizador e mobilizador: *"identifico-me com as imagens, transporto-me"*, e *"perguntei-me por que tive vontade de escrever. Os textos e conversas puxaram coisas dentro de mim"*.

Com a atmosfera criada pelas capacitadoras, de estímulo à auto-expressão e valorização da produção dos participantes, o grupo assumiu uma atitude tolerante e encorajadora em relação aos textos escritos. Muitos participantes declararam-se mais à vontade para escrever, vencendo a resistência a expor-se e desmistificando idéias preconcebidas sobre o dom da escrita, descobrindo nesta um instrumento para descrever e lidar com suas emoções, propiciando um distanciamento em relação a si próprio: *...na escrita até dá para falar de coisas das quais tentamos fugir.*

Graves (1990) observou que, quando professores descobrem sua própria aptidão para ler e escrever, em suas respectivas classes ocorrem avanços que superam os níveis usuais de leitura e escrita. Quando é capaz de ouvir a própria voz para ouvir a dos outros, torna-se apto a melhor ouvir os alunos e a ensinar às crianças como ouvir, confirmando as vozes individuais.

Lendo e escutando outros autores, os participantes puderam perceber-se a si mesmos como escritores: *descobri que posso escrever e que para isso é preciso só tentar, tentar e tentar.* Ao conceber a si próprio como autor, como alguém que tem algo a dizer e merece ser ouvido, reafirma suas próprias experiências e potencializa sua atuação nos âmbitos pessoal e profissional: *gostei infinitamente de poder escrever e revelar esse poder transmutado em palavras.*

Para além do enriquecimento da própria capacidade de

expressão, no entanto, o estudo e a análise dos textos forneceram recursos para questionar e modificar a prática de leitura e produção de texto em sala de aula. Passando a *...conceber a escrita como processo, antes de produto final,* nas palavras de uma professora, os participantes puderam transpor para a sala de aula tanto as dificuldades quanto o prazer da escrita.

Lições aprendidas

A situação de formação em serviço que oferecemos buscou propiciar a vivência coletiva de situações de ensino permeada pela reflexão sobre as concepções subjacentes. Ao longo do processo, pudemos observar, nos participantes, a crescente simetria das relações, que se refletiu no trabalho coletivo em suas escolas. No entanto, sabemos que as mudanças induzidas pela oficina, oferecida por agentes externos à instituição escolar, só irão se consolidar no vivido do cotidiano da escola. Na presente proposta, a presença dos coordenadores na oficina garantiu essa continuidade no dia-a-dia, apontando para a instalação de um projeto pedagógico em suas respectivas unidades.

Dentre os demais fatores que contribuíram para o sucesso do programa de capacitação, acreditamos que o critério de adesão voluntária teve peso importante para a mobilização e compromisso com a proposta (embora as sessões implicassem o deslocamento da maioria dos participantes para locais distantes de sua escola de origem, dado o rodízio a freqüência sempre esteve acima de 80 por cento e houve apenas duas desistências dentre os 25 participantes).

A seleção, apoiada nos critérios descritos, privilegiou professoras que já contavam com o reconhecimento e o respeito de seus pares; assim, nas reuniões de trabalho coletivo na escola, elas puderam atuar como sinalizadoras e difusoras de novas práticas e como apoio ao trabalho do coordenador. Por outro lado, a prática das capacitadoras de legitimar os avanços na atuação dos participantes levou-os a acreditar mais em si próprios e empenhar-se mais em melhorar sua atuação.

É mais importante considerar ainda que, neste programa, as capacitadoras foram as mesmas pessoas responsáveis por sua elaboração. O fato de terem claro os fundamentos e as metas da proposta permitiu fazer ajustes e dar respostas adequadas a cada passo, reorientando o programa de acordo com as dúvidas ou lacunas percebidas ao longo dos encontros. No entanto, sabemos que em programas de capacitação oferecidos às redes públicas, por suas dimensões, não é possível esperar que os elaboradores sejam os mesmos que vão atuar enquanto capacitadores. O que é fundamental assegurar é que os multiplicadores tenham suficiente clareza dos fundamentos e metas do programa que se propõem a repassar, de modo a terem autonomia e flexibilidade para fazer as adequações necessárias de acordo com a clientela do programa.

REFERÊNCIAS BIBLIOGRÁGICAS

CALKNS, Lucy. *A arte de ensinar a aprender.* Porto Alegre: Artes Médicas, 1989.

CENPEC - Centro de Pesquisas para Educação e Cultura. *Trabalho coletivo na escola.* São Paulo, 1994. (Projeto Raízes e Asas, fascículo 3).

DAVIS, Cláudia, SETUBAL, Ma. Alice, ESPOSITO, Yara. Papel e valor das interações sociais na sala de aual. *Cadernos de Pesquisa,* São Paulo, n.71, nov.1989.

FREITAG, Barbara, ROUANET, Sergio. Introdução. In:__________.(orgs.) *Habermas: Sociologia*. São Paulo: Ática, 1980. (Coleção Grandes Cientistas Sociais, 15).

GATTI, Bernadete. A formação do professor de 1o.grau. *Educação e Seleção*, São Paulo, nº 20, Jul-Dez/1989.

GRAVES, Donald H. *Discover your own literacy: the reading.writing teachers companion*. Portsmouth (New Haven, EUA): Heinemann, 1990.

HABERMANS, Jürgen. *Teoria de la acción comunicativa: complemento y estudios previos*. Madri: Cátedra, 1989.

LERNER, Delia. Capacitación en servicio y cambio en la proposta didáctica vigente. *Lectura y Vida*, v. 15, nº 3, Set/1994.

NÓVOA, Antonio (coord.) *Os professores e a sua formação*. Lisboa: Dom Quixote, 1992.

PENIN, Sonia. *A aula: espaço de conhecimento, lugar de cultura*. Campinas: Papirus, 1994.

SILVA, Rose Neubauer et al. Formação de professores no Brasil: um estudo analítico e bibliográfico. São Paulo: *FCC*; Brasília: *REDUC*, 1991.

VIGOTSKY, L. S. *A formação social da mente*. São Paulo: Martins Fontes, 1984.

Alunos Leitores e Escritores: Produção de Texto Em Sala de Aula

Raquel Léa Brunstein
Maria Alice Setubal
Andrea Camara Carrer
Izabel Brunsizian

À escola cabe ensinar, isto é, garantir a seus alunos a aprendizagem de habilidades, competências e atitudes consideradas relevantes para a formação dos cidadãos. As grandes transformações sociais, econômicas e políticas da sociedade contemporânea tornaram a apropriação do conhecimento, mais especificamente dos conteúdos e habilidades relativas à leitura, escrita, cálculo e resolução de problemas, meios indispensáveis à inserção do indivíduo na sociedade, ao exercício da cidadania. Formar o cidadão não é tarefa apenas da escola; mas, considerando que ela é o único espaço em que a maioria das crianças brasileiras tem acesso a esse conhecimento, sua responsabilidade nessa formação é significativa.

O conhecimento tal como veiculado pela escola, no entanto, só adquire sentido se for apropriado pelo aluno enquanto instrumento que lhe permita expressar-se com precisão, analisar, comparar, resolver problemas, enfim, interpretar e atuar sobre a realidade a sua volta. Como instrumentos privilegiados de compreensão de mundo e de exercício da cidadania, leitura e escrita assumem, na escola e na vida, um lugar fundamental.

Este capítulo reúne reflexões sobre o trabalho com linguagem na escola, como resultado da atividade em oficinas de leitura e escrita que o CENPEC - Centro de Pesquisas para Educação e Cultura vem desenvolvendo em São Paulo, com professores e coordenadores pedagógicos da rede pública de ensino. Os exemplos apresentados são retirados da prática de professoras que, no dia-a-dia da sala de aula, não deixam escapar oportunidades para que a leitura e a escrita, carregadas de significado, sejam de fato, para seus alunos, instrumentos de compreensão e atuação no mundo.

Cabe ressalvar que a reflexão sobre aspectos teóricos e metodológicos relativos à leitura e escrita só adquire sentido e, sobretudo, eficácia, a partir de sua inserção em um projeto da escola, assumido com o compromisso de toda a equipe. Do contrário, restringe-se à ação de professores isolados que, sem clareza de pontos de partida e de chegada comuns a toda escola, correm o risco de propor conteúdos desconectados tanto da realidade atual como do meio em que se insere a escola. O trabalho coletivo dos professores é fundamental para a coerência, integração dos conteúdos e práticas propostas aos alunos.

A leitura no mundo e na escola

No texto *Nova Califórnia*, de Lima Barreto, transformado na novela *Fera Ferida*, uma parte da trama reflete sobre a importância do acesso ao mundo da escrita, para que o indivíduo se sinta um cidadão participante da sociedade:

o professor Praxedes propõe-se a ensinar Maria dos Remédios a ler, apesar da resistência de seu marido, Chico Tirana:

CENAS

Chico Tirana: *Pois então... que diacho de melancolia é essa, por que é que você se levanta da cama no meio da noite e vem aqui só pra chorar?*

Remédios: *Porque... às vezes eu me sinto... tão pequena, tão... um grão de poeira, um nada... é isso que eu sou! Aqui dentro do bar eu tô bem, tenho você, me sinto protegida... mas tem um mundo enorme lá fora, Chico!... [ela olha para as revistas] E, por mais que eu faça pra entrar nele, eu... como... eu me sinto... como eu sou... com o que eu tenho dentro de mim, aqui [toca na testa com os dedos], na minha cachola, eu... eu nunca vou conseguir...*

(...)

Chico Tirana: *(...) Eu sei ler mais ou menos e rabisco umas letras também... Escrevo, às vezes botando a língua pra fora da boca, mas escrevo. A Remédios sabe fazer troco... Pra viver, não precisa mais do que isso...*

Praxedes: *De fato, para viver basta um bom funcionamento dos órgãos vitais... Mas, senhor Francisco da Tirana, o analfabeto está expulso de um mundo vastíssimo de conhecimentos, de fábulas, de episódios ocorridos em outras épocas, em outros lugares...*

Chico Tirana: *E daí?... Isso são outros lugares, outras épocas... O que interessa é aqui, professor Praxedes, é hoje...*

Praxedes: *Pois então veja de outro modo: a mulher analfabeta está expulsa até do livro de receitas com que poderia enriquecer a sua cozinha, aqui, hoje...*

O ato de ler e escrever não pode ser reduzido a seu aspecto mecânico, ou a uma lista de habilidades ou conteúdos gramaticais, mas deve ser concebido como processo de extrair e compor significados fundamentais para a plena formação do indivíduo. Ler significa ser questionado pelo mundo e por si mesmo, significa que certas respostas podem ser encontradas na escrita, significa poder ter acesso a essa escrita, significa construir uma resposta que integra parte das novas informações ao que já se é (Foucambert, 1994, p. 5).

A leitura e a escrita são meios de expressão, comunicação e organização do pensamento, num movimento constante de construir, atribuir e compartilhar significados. Por intermédio da leitura e escrita, ao mesmo tempo que o indivíduo tem acesso ao conhecimento elaborado pela Humanidade, pode contribuir para esse mesmo acervo.

A escola é o lugar por excelência em que as crianças têm acesso a esse acervo.

"Importa que a criança assuma e escute o eco de sua voz e aprenda que as palavras, inclusive as suas, podem fazer uma diferença no mundo, seja em termos políticos, estéticos, científicos. Percebam ainda os alunos que a escrita dá voz ao escritor, ao poeta, ao historiador, ao cientista, ao advogado, ao ecologista. Vivendo nesse mundo onde ressoam vozes de tantos personagens e diferentes pessoas, a criança vai adquirindo autoridade para dialogar com outros textos e criar o seu próprio, partilhando e ensaiando em sala os muitos tons que poderá ter sua própria voz" (Dietzsch & Silva, 1994).

Os livros de literatura possibilitaram uma melhor compreensão do mundo, dos valores sociais e culturais da sociedade. Através da leitura de contos, histórias, lendas, poesias, a criança tem acesso a diferentes mundos, idéias, conhecimentos, dando asas à imaginação e à criatividade. Como disse Antônio Cândido, para alcançar equilíbrio interior é preciso dosar sabiamente a proporção de real e de fantasia; ora, a literatura é a forma mais alta e sistematizada de elaboração da fantasia, sendo portanto um auxiliar fundamental para a vida harmoniosa.

As expectativas, os conhecimentos e as experiências anteriores sobre a leitura e a escrita refletem-se na maneira pela qual o indivíduo interage com um texto. Por exemplo, o leitor experiente identifica rapidamente, num jornal, as diversas seções (de classificados, esportiva, financeira etc.), pois cada uma tem características próprias de diagramação ou ilustração que ele reconhece, graças às informações que já possui sobre a apresentação, os assuntos tratados e a linguagem utilizada em cada uma. No que se refere a escritos literários, alguns indícios em uma obra também possibilitaram ao leitor experiente antecipar o gênero, o estilo do autor e o assunto tratado, de tal forma que muitas vezes ele pode decidir num primeiro relance se a obra é ou não de seu interesse.

Há múltiplos e variados modos de leitura. O sentido daquilo que se lê vai sendo constituído no processo de interação leitor-texto, quer dizer, entre o leitor, com suas vivências e experiências anteriores, e o autor do texto. Ou seja, o sentido do texto é construído no próprio modo de ler: nas relações que o leitor estabelece entre si mesmo e o autor, entre o texto e outros já lidos, entre o texto e sua vivência etc. (Orlandi, 1987). E o sentido se amplia e aprofunda na relação entre interlocutores que vivenciaram um mesmo texto.

As crianças também podem tornar-se leitoras experientes, usufruindo das vantagens e do prazer da leitura. No entanto, como sugere José Mindlin (em uma entrevista pessoal), *"dizer à criança que ela tem de ler é uma coisa negativa de saída. É preciso deixar a coisa como um prato de doce, que a pessoa deixa em cima da mesa e a criança chega e se sente atraída pelo doce. E come."* Cabe aos professores oferecer a leitura como um prato de doce, para seus alunos...

A leitura diária de um texto, ou de trechos de um livro, torna a literatura presente na vida das crianças. Inicialmente, esse pode ser apenas um momento para que o grupo se reúna em torno do prazer de ouvir um belo conto ou poesia. Muitas vezes, uma história significativa para a classe torna-se um elemento de união do grupo.

Uma maneira de ampliar os diferentes sentidos que um mesmo texto sugere é partilhar a leitura de uma obra; ou, então, partilhar com os colegas suas impressões sobre um texto lido. Alguns professores estão trabalhando nessa direção, organizando situações para que os alunos troquem idéias e opiniões sobre suas leituras, sentindo-se motivados para ler mais.

Maria Alice, professora de Língua Portuguesa da rede pública municipal de São Paulo, organizou com seus alunos de quinta e sexta séries um Clube de Leitura. Os alunos vão à biblioteca da escola e escolhem a seu critério livros para ler e discutir com um grupo de colegas, na casa de um deles.

Quinzenalmente, no encontro do Clube de Leitura na escola, os alunos organizam-se em grupos e discutem suas leituras. Quando o tempo está bom, esse encontro é realizado sob as árvores do pátio da escola. Cada grupo elege um relator que, a partir de um roteiro fornecido pela professora, registra os temas abordados e as discussões. Maria Alice percorre os grupos, participa das conversas, questiona e também coloca suas opiniões.

O Clube de Leitura é uma oportunidade não só para o incentivo à leitura, mas principalmente para que os alunos troquem entre si os diferentes significados de um mesmo texto lido, ampliando assim suas concepções iniciais.

Ler, ou mesmo apenas ouvir uma história, tendo a oportunidade de comentá-la coletivamente depois, é uma atividade extremamente enriquecedora para o grupo e para cada um. No dia-a-dia do aluno da escola pública, em geral, não é comum que tenha a possibilidade de expressar-se livremente, saber que está sendo ouvido, relatar algo pessoal suscitado por uma história, estabelecer novas relações entre o que pensa e sabe e o que os outros pensam e sabem... Basta lembrar que, para muitas dessas crianças, a maior parte do lazer consiste em assistir televisão, que nunca ouve o que elas têm a dizer.

A situação de sala de aula descrita a seguir ilustra a riqueza da discussão de um texto com um grupo de crianças. Numa classe de primeira série, a leitura de *Manuelzão e Miguilim*, de Guimarães Rosa, gerou uma conversa em que, ao comentar sobre o que lembravam, os alunos foram reconstruindo o sentido do texto para si mesmos e para o grupo:

Rafael: *O Miguilim era um moleque que ele vivia na roça e lá era bem mais diferente que como está hoje...*

Andrea: *Teve uma hora que foi superlegal. Que o Miguilim... ele... Não! Teve uma hora que foi triste.... que os pais dele brigavam com ele porque ele fez uma arte.*

Daniel: *Eu vou falar sobre aquela parte que o pai de Miguilim brigou com o tio Terezo. É porque o tio Terezo... eu acho que ele dava muita moleza pro Miguilim...*

Ana Carolina: *Lá no sertão não é que nem a gente, que os pais batem na gente... assim... com cinta, não! Eles amarravam o Miguilim numa árvore e deixaram não sei quantos dias lá.*

Lívia: *Eu sei contar esta parte direito. É que lá era assim: se fazia uma coisa muito... se a criança aprontasse alguma coisa, ela ia ficar de castigo no meio do mato, amarrado numa árvore noites e noites, pro bicho do mato comer.*

Carlos: *O Miguilim... ele não conhecia São Paulo... ele só ficava lá no sertão.*

Rafael: *Ele era da cidade lá do Chico Bento.*

Neste recorte podemos observar algumas produções de sentido que se constroem na relação entre o leitor e o texto.

Algumas falas revelam que a criança compreende o texto a partir de sua própria leitura do mundo, ou mesmo de outras leituras anteriormente realizadas (no caso, de revistas em quadrinhos): *era bem diferente do que é hoje; lá no sertão não é que nem a gente, que os pais batem na gente.... assim... com cinta; ele não conhecia São Paulo... ele só ficava lá no sertão; ele era da cidade lá do Chico Bento.*

Outros comentários demonstraram a interpretação pessoal que cada leitor faz do texto, revelando suas opiniões e sentimentos: *Teve uma hora que foi superlegal [...] Teve uma hora que foi triste; É porque o tio Terezo... eu acho que ele dava muita moleza pro Miguilim.*

O sentido do texto não está dado de antemão ao sujeito, nem tem origem no próprio texto. Ele ganha significado na medida em que é discutido. "*Ler não é decifrar, como num jogo de adivinhações, o sentido de um texto. É, a partir do texto, ser capaz de atribuir-lhe significação, conseguir relacioná-lo a todos os outros textos significativos para cada um, reconhecer nele o tipo de leitura que seu autor pretendia e, dono da própria vontade, entregar-se a esta leitura ou rebelar-se contra ela, propondo outra não prevista*" (Lajolo, 1982, p. 59).

Essa visão difere substancialmente das propostas pedagógicas tradicionais, onde há somente um modo de leitura — o da decodificação — e um único objetivo, que é o de ensinar a ler. Aqui, trata-se de conferir significados, e o papel do professor no momento da discussão deve ser o de estimular, através de perguntas, a compreensão do sentido.

Atividades mais estruturadas podem ser desenvolvidas a partir da leitura de histórias, como relata a professora Clice (Haddad, 1991):

> *O trabalho com leitura que venho realizando numa classe com crianças de 8 anos tem como objetivo formar leitores eficientes, que*

tenham oportunidade de conhecer diferentes estilos literários, que ampliem seu conhecimento de mundo e que colham prazer da leitura. São várias as atividades que faço com este objetivo. Uma delas é a roda de biblioteca, onde as crianças têm a oportunidade de ler e conversar sobre as leituras realizadas. Assim, além de ampliar seu conhecimento do mundo e conhecer diferentes autores, podem também cada vez mais se distanciar das obras lidas e fazer uma crítica literária. Esta atividade proporciona o contágio, provocado pelas críticas e indicações feitas por colegas, estímulo que contribui para o prazer da leitura.

Nessa roda também pode ocorrer a leitura de livros grandes, cabeças de coleção, isto é, livros de uma série ou de um mesmo autor que funcionam como detonadores para a leitura de toda a obra. Isto proporciona à criança a formação de um quadro de referências que vai ajudá-la a compreender o estilo e a forma de expressão característicos de cada autor, podendo assim ampliar seu conhecimento da língua. Como desdobramento deste encaminhamento, podemos verificar um comportamento autônomo por parte da criança, na busca de aprofundamentos em determinados assuntos.

Clice organiza o processo de trabalho com a leitura em quatro etapas. A primeira é a de orientação para a leitura, momento em que conhecimentos prévios sobre o tema do texto são discutidos, a fim de facilitar sua compreensão.

Como segunda etapa, a professora sugere a leitura silenciosa, de modo que o aluno tenha possibilidade de estabelecer uma relação íntima com o escritor, podendo ainda checar suas hipóteses em relação ao texto.

Ao discutirem em grupo, na terceira etapa, os alunos são estimulados a confrontar suas hipóteses, opiniões, desacordos e sentimentos com seus colegas, ocasião em que tomam consciência de seu próprio conhecimento sobre o assunto, bem como de aspectos de seu discurso onde há contradições. Para Clice, o papel do professor durante as discussões é:

- coordená-las mediando as trocas;
- formular perguntas que não foram feitas;
- apontar aspectos que possam pôr em dúvida algumas interpretações;
- proporcionar um clima descontraído na classe, para legitimar a relação leitor-autor.

Como quarta e última etapa do trabalho, Clice sugere a leitura em voz alta, feita por ela:

> *A leitura, agora, será feita pelo professor, em voz alta, de forma contínua e progressiva, e as crianças devem acompanhá-la em seus próprios textos. No caso dos leitores iniciantes, que ainda não desenvolveram boas estratégias de leitura, esta situação possibilitará a leitura do texto todo.*

Para tornar a leitura presente no cotidiano da sala de aula, é importante que os alunos possam decidir sobre os livros que serão lidos e disponham de momentos para leitura independente; textos produzidos por eles também devem fazer parte do acervo da biblioteca. O professor deve conversar com eles sobre bons começos e finais de diferentes histórias, além de provocar sua curiosidade para a descoberta das diversas interpretações possíveis de um mesmo texto.

É fundamental que o professor reserve um espaço para a leitura no planejamento da rotina da sala de aula. A atividade de leitura individual e em grupos não pode se restringir, portanto, a cobrir espaços em que não se tem o que fazer, ou a intervalos quando não há mais tempo para realizar novas atividades.

Assim como se aprende a ser aluno, através das experiências cotidianas da escola, o papel de leitor é construído através da intimidade com material escrito. E, para ser um leitor, além de ter capacidade de ler, é preciso gostar de ler. A escola e cada professor têm aí um papel fundamental de facilitar o acesso ao universo da leitura.

A escrita na escola

Do mesmo modo que o leitor, o escritor experiente tem certas expectativas sobre como o texto deverá se desenvolver, começando por considerar algumas questões:

- Por que estou escrevendo isto?
- Conheço o suficiente sobre o que vou escrever?
- Quem será o leitor deste texto?
- Que tipo de linguagem devo usar?
- Devo usar ilustrações e textos ou apenas texto?

As decisões que irá tomar certamente estarão apoiadas em suas experiências anteriores, em suas expectativas sobre o texto e seu destinatário.

Para leitores e escritores, tanto iniciantes quanto experientes, é imperativo que compreendam o sentido e o objetivo do trabalho com escrita a ser desenvolvido. Também é importante sentir que estão sendo bem-sucedidos, pois este é um fator essencial para mantê-los motivados a continuar e completar a tarefa.

Se o escritor pretende que sua mensagem chegue ao leitor, que tenha legibilidade para diferentes interlocutores, deve respeitar certas convenções da escrita. O ato de ler, como vimos, vai muito além da mera decodificação dos símbolos da escrita, e requer entender como o escritor utilizou as convenções da gramática, ortografia e pontuação para dar significado ao texto. Assim, o leitor espera que o escritor as empregue e o escritor confia que o leitor as compreenderá.

O texto é menos uma janela através da qual o escritor e o leitor se vêem e mais um espelho de duas faces, em que miram reflexos de si próprios (Frank Smith, 1991).

O texto é uma ponte que liga o leitor ao escritor: quanto mais próximas estiverem as intenções do autor e as expectativas do leitor, maior e melhor será a compreensão da obra. As características que conferem legibilidade à produção escrita vão mais além das relacionadas à pontuação e ortografia: incluem todos os componentes que tornam uma obra diferente da outra, ou seja, além da marca individual do autor, aquilo que faz que uma novela seja diferente de uma lista telefônica, um poema diferente de um guia de ruas e assim por diante.

Os diversos tipos de texto têm diferentes estruturas, de acordo com o assunto tratado ou seu objetivo. Assim, a escrita de uma receita não segue os mesmos padrões que a escrita de um conto, daí cada um ter sua forma própria de leitura: são os chamados gêneros literários. O registro utilizado em cada gênero é determinado pelo contexto, pela situação e pelo papel que a linguagem desempenha naquela situação. Diferentes assuntos, objetivos e leitores requerem diferentes formas, estilos e registros de linguagem. Assim, a forma de uma novela é completamente diferente daquela utilizada pelo texto científico, e a carta para um amigo tem um estilo diferente de uma carta comercial.

A compreensão de qualquer texto, por outro lado, depende de sua coerência interna. A coesão diz respeito à forma pela qual a unidade de mensagem é garantida, do início ao final. As regras que garantem essa coesão relacionam-se, por exemplo, à forma como personagens ou elementos anteriormente citados são substituídos por sinônimos ou pronomes (a princesa, a filha do rei, a herdeira do trono, a esposa do príncipe, ela etc.), ou à forma como se constroem os encadeamentos cronológicos e as relações lógicas no texto através de conectivos (advérbios e conjunções: primeiramente, em seguida, finalmente; assim, portanto, entretanto etc.).

O uso da ortografia e da pontuação convencionais também diferem de acordo com o assunto, a finalidade e o leitor do texto a ser produzido. No poema abaixo, Mário Chamie (no livro *Objeto Selvagem*. São Paulo: Quirón, 1977, p. 417) utiliza a pontuação de forma não-convencional para criar, no texto, diferentes movimentos e significados:

Veículos de massa

o vidro transparência / olho cego consciência
a consciência no vídeo / a transparência do vidro
o povo cego da praça / o olho negro da massa
a praça de olho cego / a massa de olho negro
o vidro transparência
o cego consciência
a massa diante do vídeo
a massa = olho de vidro
a praça de olho negro
o povo = olho morcego
sem ver o povo com a venda
a câmara negra = sua tenda
sem ver / a venda no olho do povo
te vê / a câmara negra do sono

A quantidade de convenções da língua escrita e a sutileza de seu emprego são extremamente extensas e variadas: seria praticamente impossível pretender ensiná-las, simplesmente porque não haveria tempo hábil para isso ao longo de toda a vida escolar. É principalmente através da leitura que os escritores aprendem as técnicas que conhecem e empregam. Para aprender a escrever jornalisticamente é necessário ler jornais, para escrever poemas é preciso ler poesia... Frank Smith (1991) diz que as crianças precisam ler como escritores, para aprender a escrever como escritores.

Para ele, ler como escritor significa estar conscientemente atento à forma como o autor escreveu.

Os estudantes que conhecem o sentido e o objetivo de suas produções escritas sentem-se escritores e, à medida que lêem, procuram apreciar as convenções e os elementos de estilo utilizados pelos autores, aprendendo com eles. Além disso, essa forma de leitura favorece uma compreensão mais ampla e profunda da obra e, com o passar do tempo, possibilita escrever cada vez mais, como autores.

Como instrumento precioso para a compreensão do mundo, a literatura permite a identificação e a expressão de experiências pessoais e, ao mesmo tempo, do mundo construído pela Humanidade, proporcionando diversos modelos de escrita que os leitores armazenam, para utilizar quando passam a escritores.

Pode-se dizer que escrever nunca é uma obra totalmente individual: é resultado da organização inteligente de vários trechos de linguagem significativa, apreendidos em incontáveis situações de leitura e produção escrita. Ao proporcionar aos alunos o contato com um amplo leque literário, o professor dá condições para que aprendam a utilizar a linguagem à qual estão sendo expostos.

Uma vez compreendidos os processos de leitura e de escrita, suas semelhanças e diferenças, torna-se possível perceber que existe um apoio recíproco entre os dois, ou seja: a leitura ajuda a escrita e a escrita ajuda a leitura. É possível ler sem nunca ter escrito, mas não é possível escrever sem nunca ter lido. A escrita envolve a leitura e a releitura do texto que está sendo produzido.

Acreditamos que, para escrever efetivamente, precisamos "aprender a ler como escritores" e, para ler como escritores, é preciso ter contato com uma ampla variedade de materiais escritos. Isso significa que é preciso analisar e rever as práticas utilizadas para ensinar a leitura e a escrita. Muitos professores já puseram em prática programas de leitura-escrita apoiados na literatura. Esses professores dão a seus alunos a liberdade de escolher os temas sobre os quais querem escrever e os livros que desejam ler. A motivação para ler e escrever em suas aulas é garantida pelo sentimento de responsabilidade que o aluno passa a ter sobre seu trabalho, quando se considera autor.

A escrita no dia-a-dia

O ato de escrever não faz parte do dia-a-dia da maior parte das pessoas que sabem escrever. Quando ocorre, reduz-se em geral à anotação de endereços, bilhetes, listas de compras ou assinaturas; em contrapartida, os alunos na escola escrevem todos os dias.

Escrever é importante demais para ser relegado somente às crianças; é suficientemente significativo para tornar-se parte integrante de nossa vida. Quando conseguimos separar cinco ou dez minutos do dia para escrever e incorporamos essa atividade em nossa rotina, mudanças significativas em nossa escrita começam a acontecer, e redescobrimos nossa aptidão literária.

Em nosso registro pessoal, vale escrever sobre tudo: o que sabemos e o que não sabemos, com ou sem detalhes, rapidamente, sem censura, experimentando sem medo de errar. Isso pode ser uma fonte rica de informações para descobrirmos focos, ou seja, pontos de partida para nossa escrita. Esses podem ser frases, títulos de filmes, recortes de jornais ou revistas, datas, memórias, enfim, tudo o que possa ter significado para nós.

Do mesmo modo, podemos encorajar os alunos para que eles próprios mantenham um caderno ou pasta com anotações pessoais. Eles se sentem valorizados quando seus registros são considerados importantes: é o reconhecimento de que cada um tem algo valioso a dizer. Para encorajar a familiaridade com a leitura e a escrita, entretanto, não basta dar sugestões: além de mostrarmos que gostamos de ler e escrever, precisamos proporcionar, na sala de aula, uma série de condições para torná-las realmente presentes na vida dos alunos.

Tempo

As crianças aprendem a ler, lendo, e a escrever, escrevendo. Portanto, é necessário garantir tempo para que possam praticar a leitura e a escrita, tempo para:

- ler silenciosamente textos literários;
- discutir e comentar com os colegas as histórias lidas, falar sobre tipos de texto, personagens, enredo, passagens;
- escrever um texto, ou retomar e aprimorar um já iniciado;
- ouvir a leitura de textos que constituam bons modelos de escrita.

Espaço

A leitura e a escrita tornam-se atos naturais em um ambiente previamente preparado e organizado. Assim como a criança aprende as regras da língua falada a partir dos múltiplos e diferentes padrões de fala que ouve em seu meio, assim também o aprendiz da escrita necessita de muitos e variados exemplos de como a estrutura da língua escrita funciona, para poder apreendê-la. Um espaço organizado e acolhedor, visualmente estimulante, constitui uma das condições que motiva o aluno e facilita a apropriação do conhecimento. Essa apropriação ocorre na interação do aprendiz com seus parceiros e com os objetos — textos, jogos ou outros materiais. Portanto, ao organizar o espaço de sua sala de aula, é importante que o professor considere:

- a necessidade de criar um ambiente favorável às interações entre os alunos;
- a disposição das carteiras, que deve ser flexível o bastante para permitir melhor aproveitamento dos alunos nos momentos de aula coletiva, nos trabalhos cooperativos e nas tarefas individualizadas;
- a necessidade de proporcionar acesso fácil, por parte dos alunos, a uma ampla variedade de materiais adequados a seus interesses e necessidades.

As salas de aula podem ter uma variedade de materiais de leitura: textos de literatura infantil ou juvenil, ficção e não-ficção, poesia, jornais, revistas, panfletos, material de consulta como dicionários, guias, atlas, cartazes, quadros de avisos, murais etc. Este material pode ser acondicionado em caixas de papelão ou estantes e organizado por gênero ou assunto, ficando acessível aos alunos de forma que possam manuseá-los e lê-los sempre que sentirem necessidade, assim como no horário diariamente destinado à leitura. Além disso, a professora pode organizar, com a ajuda da classe, os demais recursos didáticos: canetinhas coloridas, lápis pretos apontados, lápis de cor, papéis de diferentes tamanhos, cartolinas e pastas, distribuídos em caixas, latas ou prateleiras colocadas em lugares acessíveis, de modo que os alunos possam fazer uso deles de forma independente.

Autonomia

É importante que o controle e a responsabilidade pela leitura e escrita sejam compartilhados com os alunos. Eles precisam saber os objetivos das atividades de leitura e escrita que estiverem realizando e, sempre que possível, estes objetivos devem ser estabelecidos de comum acordo entre o professor e a classe. O aluno deve ter a possibilidade de escolher temas sobre os quais deseja escrever e livros que deseja ler, podendo participar também das decisões quanto à forma de registro e ao estilo de escrita que estiver sendo produzida.

Etapas

As práticas de sala de aula devem possibilitar que os alunos percebam a leitura e a escrita como *processos*. Isto acontecerá naturalmente se eles tiverem tempo e oportunidade de falar sobre o tema escolhido, rascunhar, revisar e reescrever seus textos, em vez de ter que produzir uma peça pronta e polida já na primeira escrita. Esse processo possibilita à criança conscientizar-se de que sua obra se destina a um leitor, e que escrever é um ato social, não uma mera atividade destinada a atender à solicitação do professor.

Assim, a prática comumente utilizada em escolas, de oferecer um texto aos alunos para uma rápida leitura e, em seguida, avaliar sua compreensão através de perguntas, não respeita a necessidade do bom leitor: este precisa ter oportunidades de rascunhar suas leituras (tal como seus escritos), lendo e relendo um texto consigo mesmo e com um parceiro, a fim de ampliar e aprofundar os conhecimentos que o material escrito possibilita.

É importante lembrar que o professor precisa distribuir sua atenção igualmente a todas as fases da leitura e da escrita. Vários professores ainda costumam dar ênfase maior no que acontece durante e após a leitura, proporcionando pouco apoio ao que deveria ocorrer antes de a leitura começar. Na escrita, quase sempre a ênfase é dada no produto acabado. Essas atitudes decorrem de uma visão distorcida da leitura e da escrita enquanto fatos pontuais, não como processos a serem desenvolvidos no tempo.

A interação

A organização do trabalho na sala de aula de certa forma reflete as concepções de ensino e aprendizagem que o professor tem. Se ele acreditar que a aquisição do conhecimento não ocorre de uma vez, mas que o conhecimento é apropriado e construído pelo aprendiz, ao longo de um processo que envolve diferentes interações sociais, certamente procurará organizar seu trabalho de modo a favorecer as trocas entre os alunos, proporcionando um clima em sala de aula no qual a fala e o saber de cada um sejam estimulados e valorizados. Para esse professor, a sala é um espaço privilegiado de interação de um grupo heterogêneo, constituído por indivíduos com diferentes vivências e experiências, onde cada um tem algo a contribuir para o desenvolvimento de todos.

Proporcionar diferentes situações que possibilitem diversos tipos de interação, de modo a promover aprendizagens significativas, é o desafio que se coloca ao professor. Uma forma de responder a esse desafio é planejar as atividades de cada dia, distribuindo-as em momentos de trabalho coletivo, individual e em pequenos grupos.

Os momentos de trabalho coletivo são aqueles em que o professor se dirige à classe toda para introduzir novos conhecimentos, dar alguma informação, orientar, fazer uma demonstração, ler ou contar uma história, uma poesia, sistematizar ou avaliar conhecimentos.

Nos momentos de contato individual, o professor pode proporcionar o apoio e a orientação no ponto exato da necessidade de cada aluno. Esse atendimento não precisa ser longo: muitas vezes uma conversa particular de três minutos dá mais resultado que uma palestra coletiva de meia hora.

Os trabalhos em grupo são os que mais favorecem o desenvolvimento da sociabilidade e das trocas entre os alunos. Normalmente, crianças tímidas e caladas sentem-se mais confiantes e seguras para opinar e participar nos pequenos grupos. Ao circular pela classe, nesses momentos, o professor pode ao mesmo tempo estimular e orientar os trabalhos, bem como colher informações que irão subsidiar seu planejamento.

Para poder organizar o trabalho dessa forma, é importante estabelecer, com os alunos, regras claras de funcionamento da rotina da classe, avaliando-as sistematicamente com o grupo nas primeiras semanas. Assim, será possível ir alterando e reformulando a organização da classe até encontrar a forma mais adequada para trabalhar com cada turma.

Esta diversidade na organização do cotidiano escolar pode a princípio parecer difícil e complicado, mas professores que mudaram sua prática, como Rita, contam como seu trabalho vem fluindo de forma agradável e como seus alunos estão envolvidos e vêm assumindo gradativamente responsabilidade por suas tarefas:

Não é complicado. Eu comecei aos poucos, explicando aos alunos como poderiam distribuir o tempo da oficina [de uma hora e meia] *entre atividades de leitura e de escrita. Eles sabem que podem escolher trabalhar individualmente ou em grupos. Geralmente, começo a oficina lendo uma história para a classe toda. Em seguida, oriento as crianças para que decidam em grupos a seqüência das atividades que irão desenvolver no dia, bem como o tempo previsto para cada uma delas, de modo que todos realizem pelo menos uma atividade de leitura e escrita relacionada à literatura, por dia. Então, um dos grupos pode decidir desenhar a história ouvida numa seqüência de quadrinhos, enquanto outro grupo vai ler no cantinho de livros e um terceiro pode decidir continuar o texto iniciado anteriormente ou ilustrá-lo, enquanto uma dupla de crianças pode estar discutindo num canto seus textos para depois reformulá-los. Enquanto as crianças realizam suas tarefas, elas sabem que podem buscar ajuda de um parceiro sempre que precisarem. Assim, fico livre para conversar individualmente com cada uma delas. Procuro planejar meu trabalho de modo a ter entre quatro a cinco entrevistas individuais por dia, garantindo que cada criança seja ouvida pelo menos uma vez por mês. Durante o atendimento individualizado, procuro discutir com ela seus progressos e dúvidas relacionadas a aspectos da leitura e da produção de textos. Geralmente, a oficina termina com um encontro coletivo da classe em torno da Cadeira do Autor. Nesse momento, um aluno senta-se numa cadeira especialmente decorada com almofadas ou com papel colorido e lê para a classe seu texto, ou fala sobre um livro que leu. Os colegas fazem perguntas, dão opiniões, sugerem alterações ou pedem mais informações sobre o assunto.*

Descobrindo o prazer de escrever

Em suas aulas, alguns professores vêm tentando várias formas de despertar os alunos para o prazer da escrita.

Partindo de interesses deles mesmos, usando sensibilidade e criatividade, desenvolvem e consolidam práticas para formar alunos autores.

Uma dessas formas é garantir que os alunos tenham um tempo diário para escrever sobre si mesmos, sobre suas vivências, seus problemas, suas experiências significativas, como faz a professora Maria José, que trabalha com a quarta série de uma escola da rede municipal de ensino.

Criando a partir do diário

No início do ano, Maria José observou que alguns alunos costumavam trocar entre si pequenas cartas ou bilhetes. Na tentativa de conhecer melhor sua turma, resolveu perguntar-lhes o que costumavam escrever e o que gostavam de colecionar. Maria José conta que apareceu de tudo: "*Havia alunos que colecionavam recortes sobre automobilismo, futebol, basquete, outros acumulavam álbuns e figurinhas, papel de bombom, letras de música que gostavam, cartas de amigos, de namorados...*"

Ela percebeu que todas essas coisas tinham grande significado para as crianças. Foi então que propôs que fizessem um diário, ou seja, um caderno, caderneta, bloco ou mesmo uma pasta com folhas de papel, onde deveriam registrar ou colar tudo aquilo que fosse importante para elas. Esse diário não seria visto pela professora ou por ninguém, a menos que o próprio dono assim o quisesse. O único pedido que fez foi que o trouxessem para a classe nos dias da oficina de leitura e escrita (segundas, quartas e sextas-feiras).

Foi então que enriquecemos nossas oficinas: os diários permitiram que nossas produções ganhassem significado. Digo nossas, porque também comecei a fazer meu próprio diário. Antigamente, vivia desesperando-me para descobrir temas para redação. E o pior é que, por mais que me esforçasse, as produções das crianças eram pouco originais e criativas.

Deixei de lado os temas coletivos e começamos a trabalhar com nossos diários. No início, passei um tempo considerável incentivando-os a registrar tudo que fosse especial para cada um:

- perguntas que precisavam de respostas;
- lembranças de pessoas, lugares, momentos queridos;
- fragmentos de textos;
- idéias para histórias, artigos, poemas;
- artigos, fotos ou frases cortadas de jornal;
- fotos ou figuras que se quer grudar;
- cópias de cartas recebidas ou escritas;
- citações de autores ou artistas;
- bilhetes de entrada de filme, peça ou espetáculo que tivessem assistido;
- e muitos outros...

Aos poucos, o diário tornou-se um espaço importante na vida daquelas crianças. Maria José percebeu que ele era uma rica fonte de informações, e que poderia dar origem a textos com real significado para cada um.

Nos dias de oficina, pedia que os alunos trouxessem seus diários para a classe e fizessem comentários sobre eles. Nos primeiros dias, deixei que a euforia tivesse espaço, pois era grande o entusiasmo daqueles que queriam mostrá-lo para os colegas. Havia também aqueles que não o colocavam em público.

Pedi que os relessem desde os primeiros registros. Chamou-me atenção o fato de que, durante a leitura, algumas crianças comentavam: 'não me lembrava mais disso!'; 'esse dia foi engraçado'; 'isso daqui foi o bilhete que ganhei do meu namorado'; 'eu consegui copiar a letra desta música que eu gosto'...

Chamei a atenção das crianças para os registros contidos nos diários, tentando fazer com que percebessem a riqueza de informações que tinham e o quanto poderiam explorá-las. Pedi, por exemplo, que

Sabrina explicasse para a classe por que havia escrito que esse dia fora muito engraçado. Sabrina contou que ela e sua mãe foram visitar uma parente muito idosa que estava passando uns tempos na casa de sua avó. Nesse dia, a senhora trancou-se no banheiro com medo de uma lagartixa e deu muito trabalho para que a tirassem de lá.

Mostrei às crianças como aquele registro no diário de Sabrina havia possibilitado surgir um tema para uma história divertida. Sabrina poderia aproveitar esse registro para escrever seu texto, tentando lembrar todos os detalhes do que aconteceu naquele dia. Em seguida, pedi às outras crianças que olhassem para seus próprios diários com olhos de autor, procurando alguma coisa que pudesse dar uma boa história. Orientei para que fizessem uma lista de palavras e/ou expressões relacionadas ao registro selecionado.

Durante nossas primeiras oficinas, trabalhávamos explorando estas associações através das listas, tentando encontrar no diário outros registros que pudessem ter relação com o escolhido. Algumas crianças descobriram que outras imagens ou detalhes que surgiram desta exploração eram, algumas vezes, mais significativas para elas do que o primeiro registro selecionado como tema. Aproveitei o fato para discutirmos minha questão inicial: o foco de um texto. Utilizei o exemplo dessas crianças para chamar a atenção da turma de que nem sempre o foco de nossa história será aquela idéia inicial, aquele fato que escolhemos com nossos olhos de autor. O foco poderia surgir da exploração da idéia, dos detalhes do fato, assim, a lembrança de um filme de que se tenha gostado poderá gerar muitas histórias diferentes, como, por exemplo: a primeira vez que fui no cinema; meu primeiro namorado; quando cabulei aula etc. O tema da história poderá surgir de um detalhe, de uma imagem que nos vem à mente quando exploramos o fato. Mas para descobrirmos o foco do texto é preciso explorar o que está por detrás da idéia inicial; chamei essa exploração de arqueologia das idéias.

Nosso trabalho como arqueólogos seria o de descobrir o que se esconde por detrás daquele fato, daquela lembrança, daquela idéia. As crianças gostaram muito disso. Rapidamente associaram o termo arqueológico com o personagem dos filmes Indiana Jones, *que se empenhava em descobrir pistas para solucionar um mistério (...) As crianças apontaram muitas estratégias para fazermos a arqueologia das idéias:*

- entrevistar alguém envolvido no fato;
- voltar ao local onde ocorreu o fato para levantar detalhes importantes;
- procurar fatos, registros sobre o assunto;
- ir à biblioteca para buscar mais informações.

Cada um dos leitores escolheu a estratégia que melhor se adequasse para explorar sua idéia inicial, discutindo comigo ou com os colegas. Sabrina, por exemplo, achou pertinente visitar a casa de sua avó para levantar detalhes do local e, também, entrevistar todas as pessoas que estavam presentes naquele dia, pedindo que comentassem o fato.

O relato de Maria José aponta o fato de que é possível trabalhar com crianças de modo a desenvolver sua percepção do mundo e seu olhar de autor, ou seja, o olhar de alguém que escreve com uma percepção maior da vida e da riqueza de seus detalhes (Murray, 1990). A professora fez com que seus alunos, através do diário, tivessem matéria-prima para a escrita e que esta pudesse ser trabalhada, pudesse ser objeto de exploração. A exploração da matéria-prima passa a ter um papel muito claro no processo de escrita, pois existe uma enorme diferença entre adicionar copiosos detalhes e adicionar significado e profundeza. Como lembra Lucy Calkins (1989), *aperfeiçoar um texto não é adicionar informações, alongar um trecho, mas explorar intuições, interrogar imagens e idéias, seguir a corrente do pensamento e da memória.* Os detalhes só são significativos se nos conduzem às descobertas sobre nós mesmos e o mundo. Os escritores precisam começar com uma idéia-semente e trabalhá-la. Só o detalhe produtivo, gerador, é que vai levá-lo a novos caminhos de pensamento e sentimento, conduzindo também o leitor nessa direção.

A busca do foco (que Maria José orienta os alunos a realizar) consiste, então, em estimulá-los para que façam novas descobertas e possam lançar-se a recriá-las e desenvolvê-las em um texto. Isso torna-se fundamental para a etapa posterior, que ela chama de primeiro rascunho da história. Nessa etapa, ela os incentiva a colocar no papel as idéias sementes da história, tentando descrever com detalhes as cenas concretas, utilizando imagens e palavras que foram associadas com o tema (colhidas durante a arqueologia das idéias).

Aí, os primeiros rascunhos foram surgindo aos poucos, mas muito naturalmente. Enfatizei que não deveriam se preocupar, nesse momento, em consertar, aumentar, ou embelezar o rascunho. O primeiro rascunho de Sabrina é significativo para ilustrar seus momentos anteriores de exploração:

As férias começaram e a minha mãe falou pra gente ir na casa da minha vó visitar uma tia do meu pai, que estava passando uns tempos por lá. A tia do meu pai era muito velha e muito gorda. Minha mãe falou que todos da família do meu pai são grandes mas minha avó não é não. A tia tinha a pele do rosto toda mole e enrugada, parecia desenhado um monte de riscos no rosto dela. A vovó falou que ia fazer chá pra gente e quando foi pegar o chá na despensa saiu uma lagartixa enorme lá dentro. A tia saiu correndo e se trancou no banheiro, ninguém conseguia tirar ela lá de dentro. A mamãe tentava conversar com ela pela porta mas ela não queria sair por nada. A vovó dizia saí daí Elza! A lagartixa já foi embora, mas nada dela sair. A vovó e a mamãe estavam muito nervosas mas eu e a minha prima quase morremos de rir. Ela teve que beber água, ficou até com dor de barriga de tanto dar risada. Minha mãe brigou com a gente, disse que era muito feio rir dos mais velhos. Mas é que eu achei muito engraçado que a tia que era tão grande, tinha medo de lagartixa que era tão pequenininha.

Este primeiro rascunho de Sabrina ainda não era tudo o que ela poderia produzir sobre sua história. Certamente precisaria agora ex-

plorar a estrutura textual de um conto ou de uma crônica, como poderia trabalhar melhor o cenário e os personagens; contudo, Sabrina havia descoberto algo significativo de sua vida para contar, para compartilhar com seus leitores. Não precisava mais que eu inventasse o tema sobre o qual deveria escrever. Escreveria, agora, não porque eu o exigia, mas para descobrir-se, para dar significado a suas idéias, transformando-as em histórias.

A etapa seguinte foi a de instrumentalizar os alunos como escritores, colocando-os em contato com escritos de outros autores, tornando os rascunhos etapas importantes e significativas do processo de construção do texto.

Maria José fez mais do que dar diretrizes: através dos rascunhos sucessivos, as crianças puderam experimentar escrever suas próprias histórias. Adquiriram o hábito de escrever, de registrar, formando um acervo de idéias próprias a partir das quais puderam desenvolver sua escrita. E a professora pôde então intervir no processo, partilhando os textos com as crianças, levando-as a partilhá-los entre si, desenvolvendo diferentes formas de composição, levantando questões sobre o rascunho, construindo estratégias de revisão.

Trabalhando com contos

Neste relato, a professora Diva descreve a forma como vem desenvolvendo uma oficina de leitura e escrita com sua turma de alunos de segunda série.

Procuro planejar minhas aulas de acordo com o que vou observando, os progressos que os alunos vão fazendo em termos de leitura e escrita. Por exemplo, no começo do ano estimulei-os a escrever. Qualquer coisa que escrevessem eu valorizava, porque era importante, naquele momento, que se sentissem apoiados e seguros para poderem se soltar e arriscar. Não me preocupei em dar-lhes um modelo. Eu lia para a classe com freqüência, fui mostrando e discutindo algumas coisas específicas da maneira como os autores constroem seus textos. Fui explicitando, de modo informal, algumas coisas que as crianças iam percebendo nas histórias, estimulando-as a utilizar em seu escritos as informações adquiridas. Esperava que as crianças espontaneamente passassem a estruturar melhor seus textos. Notei que algumas, que lêem mais sistematicamente, até porque têm um bom acervo de livros em casa, fizeram progressos significativos ainda no primeiro semestre, mas a maioria da classe não estava avançando nesse sentido. Então planejei, para o segundo semestre, um projeto que possibilitasse às crianças entenderem mais sobre as etapas de uma história.

Decidi trabalhar histórias com repetição, do tipo *A Galinha Ruiva, Os Três Porquinhos, O Casamento de Dona Baratinha,* pois este gênero é bastante atraente para as crianças e permite ao leitor antecipar o que o autor vai dizer, facilitando a compreensão da estrutura do texto.

A estratégia que planejei tem duração prevista para duas semanas aproximadamente.

Dia 1

Começo lendo A Galinha Ruiva em voz alta para a classe. Depois de comentar com os alunos a história, pergunto quais são os fatos e as falas que se repetem; discutimos como o dilema da galinha (que precisa de ajuda para fazer o pão) dá ao autor a possibilidade de usar um padrão repetitivo no conto. Leio novamente a história e as crianças dizem em coro os trechos que se repetem. Em seguida, afixo um cartaz previamente preparado, no qual registrei os fatos e as falas que se repetem, e peço às crianças que desenhem os personagens da história para ilustrá-lo.

Dia 2

Recordo a história com a classe, utilizando o cartaz feito no dia anterior, e traço um mapa do conto a partir de algumas perguntas que vou fazendo aos alunos: Qual é o nome da história? Como ela começa? Qual é o personagem principal? O que acontece depois? Qual o fato que se repete? Que palavras ou frases se repetem? Como termina a história?

A galinha ruiva

A Galinha Ruiva			
Princípio	Meio Fatos repetidos	 Palavras repetidas	Fim
A galinha encontrou o trigo	pede ajuda para plantar o trigo colher limpar moer fazer o pão	quem vai me ajudar eu não	A galinha comeu o pão sozinha

As crianças registram o mapa em seus cadernos.

Dia 3

Os alunos lêem individualmente outros contos com repetição, por exemplo: O Casamento de Dona Baratinha, Os Três Porquinhos, Maria Vai com as Outras, O Rei Bigodeiro e sua Banheira *etc. Depois, em duplas ou grupos, discutem como os autores, usam a repetição de diálogos ou de fatos, escolhendo um dos contos lidos para fazer o mapa.*

Dependendo dos exemplares de livros disponíveis e dos níveis de leitura em que as crianças estão, o professor pode incentivar os alunos a fazer leituras independentes, ou ler para eles em voz alta alguns contos, estimulando-os a fazer predições. Para isso, chama a atenção das crianças para as repetições de palavras ou frases, fazendo perguntas como: O que vocês acham que acontecerá depois? Por que vocês acreditam que vai acontecer assim? Por que (o personagem) vai dizer/perguntar isso? Essas perguntas mostram às crianças que a estrutura do texto lhes permite fazer predições.

Dias 4 e 5

As crianças comentam os diversos contos que leram e cada uma elege seu favorito para reescrever. Escreve e ilustra os diferentes momentos da história selecionada, depois grampeia as folhas fazendo um livrinho, que irá compartilhar com os colegas da classe.

Ao final do quinto dia recordamos as características do conto com repetições, utilizando o cartaz desenvolvido no primeiro dia, e os alunos comentam como o utilizaram para escrever suas histórias.

A produção de livrinhos é apenas uma das alternativas possíveis para renarrar uma história. As crianças podem optar por reproduzir a história escolhida contando-a oralmente para o grupo, para um colega, dramatizando, desenhando ou reescrevendo. Essas atividades destinam-se a apoiar a construção de significados e não pretendem que as crianças apenas memorizem padrões de repetição. Assim, qualquer que seja a alternativa escolhida para renarrar a história, o professor deve procurar valorizar a linguagem do aluno, não induzi-lo a simplesmente repetir frases do texto lido.

Dia 6

Peço aos alunos que sugiram idéias para escrevermos um conto e a classe seleciona uma para ser desenvolvida. Em seguida, desenho na lousa ou numa folha de papel grande o mapa que vai nos ajudar a planejar a história. Com perguntas, vou ajudando-os a decidir quem será o personagem principal, qual será seu problema, que fatos e frases vão se repetir etc.

Depois que as crianças desenvolvem oralmente um plano, estão prontas para ditar um primeiro rascunho.

À medida que os alunos vão ditando, a professora vai preenchendo o mapa. As crianças gostam, pelo fato de se sentirem seguras para predizer os acontecimentos que as repetições de fatos e falas proporcionam. Ela tem o cuidado de registrar, em seu próprio caderno, o texto produzido, que será retomado no dia seguinte.

Se as crianças tiverem dificuldades para inventar um tema, o professor pode sugerir que escrevam uma nova aventura para um personagem já conhecido da classe, por exemplo, um novo problema para os Três Porquinhos resolverem. Dessa forma, os alunos utilizam-se de uma estrutura literária conhecida para construir seu próprio conto.

Dia 7

Nesse momento, fazemos a leitura do conto produzido pela classe, para fazer as necessárias correções. O fato de fazer esta leitura no dia seguinte a sua produção (ou dois dias depois) possibilita um certo distanciamento, que favorece uma análise crítica do texto. Assim, escrevo o texto novamente na lousa (ou afixo o papel no qual ele foi registrado) e as crianças o relêem. Vou orientando essa leitura e fazendo conexões com os outros contos lidos pela classe, de modo a incentivar os alunos a modificá-lo e melhorá-lo. Eles costumam sugerir que se acrescentem descrições de cenas ou dos personagens, que se mude a seqüência de alguns acontecimentos ou as falas dos diálogos. Depois revisamos a gramática da frase e estimulo-os a introduzir conectivos, de forma a tornar a leitura do texto mais compreensível ou mais divertida e estimulante. Finalmente, escrevo o conto em uma folha grande de papel que afixo na sala, faço cópias para as crianças ou elas copiam o texto, ilustrando-o depois.

O trabalho com contos não se encerra com a produção coletiva: durante os três próximos dias dessa atividade, as crianças escrevem seus próprios textos, seguindo passos semelhantes ao da elaboração coletiva, narrando primeiro oralmente para um colega, preenchendo o mapa etc. À medida que cada um vai ficando pronto, a professora faz a revisão ortográfica junto com seu autor; os textos são montados em livrinhos e ilustrados. Posteriormente, esses livros são incorporados ao acervo da classe.

As crianças que ainda não têm escrita fluente podem ditar para um parceiro seus contos individuais, escrevê-los com ortografia inventada ou desenhar a seqüência de fatos da história, compondo depois um livro de figuras.

O conto a seguir foi produzido coletivamente pela classe da professora Diva. Como se poderá notar, os alunos fizeram uso de situação-problema e de personagens já conhecidos através das leituras anteriores, para criar uma nova história:

O LEÃO ARREPENDIDO

No tempo em que os bichos falavam, vivia numa grande floresta um leão chamado Simba.

Simba era um leão grande e forte e por isso vivia humilhando os outros animais, assustando a todos com seus urros.

Um dia, porém, ele estava distraído, caminhando pela mata, quando, tlac!, ficou preso numa armadilha. O leão pulou, gritou, esperneou, mas não conseguiu sair. Estava ali, lutando para se soltar, quando viu passar o lobo e foi logo ordenando:

— Lobo, me ajude a sair daqui!

Ao ver que quem lhe falava era aquele leão orgulhoso, o lobo respondeu:

— Agora não posso, Simba, estou com pressa, pois vou indo soprar a casa dos porquinhos. — E foi-se embora.

Logo depois passou o cachorro e o leão pediu:

— Cachorro, por favor, me ajude a sair daqui.

Ao ver que quem lhe falava era aquele leão antipático, o cão respondeu:

— Agora não posso, Simba, estou com pressa, pois vou indo pedir a Baratinha em casamento.

E foi-se embora. O leão ficou triste mas não desanimou e, ao ver passar a Galinha Ruiva, suplicou:

— Amiga galinha, por favor, me ajude a sair daqui!

Ao ver que quem lhe falava era aquele leão que gostava de assustá-la com seus urros, a galinha respondeu:

— Agora não posso, Simba, estou com pressa, pois vou indo tirar o meu pão do forno.

— E foi-se embora.

Simba entendeu então que os bichos não o ajudavam porque ele nunca se importara com eles e nunca procurara fazer amigos na floresta.

Já tinha desistido de pedir ajuda, quando um ratinho se aproximou dele e perguntou:

— Leão, por que está tão triste? O que aconteceu?

— Fiquei preso nesta armadilha e ninguém quer me ajudar a sair, respondeu Simba.

— Se é por isso, alegre-se, porque eu vou tirá-lo daí, disse o ratinho. E roeu as cordas, libertando o leão.

Simba agradeceu ao ratinho e fez dele seu conselheiro. Daí em diante, o leão nunca mais assustou os animais da floresta e procurou se tornar amigo de todos eles.

Redigindo cartas

A professora Vanilda aproveitou uma oportunidade inesperada para trabalhar a redação das cartas com os alunos.

Nas reuniões de estudo na escola, nós [professoras da segunda série] *vínhamos pensando uma forma para que os pais de nossos alunos pudessem colaborar com o processo de aprendizagem dos filhos. Cogitamos a possibilidade de fazer uma reunião com todos os pais, mas várias lembraram o baixo nível de freqüência que essas reuniões costumam ter. Pensamos então que seria interessante conversar com os alunos, a fim de encontrar uma maneira mais eficaz de garantir a presença dos pais. Em cada sala surgiram idéias diferentes: cartas escritas pelas crianças, telefonemas, visitas, desenhos, circulares de convocação da escola. Minha sala decidiu pela proposta da carta escrita pelos alunos, o que achei ótimo, pois assim aproveitaria a oportunidade para trabalhar uma das funções sociais da escrita e a estrutura textual de carta e, assim, esse trabalho ganharia significado para as crianças. Elas propuseram que seria mais interessante que cada uma escrevesse para os pais de um colega da classe. Achavam que, assim, dariam mais peso ao convite. Concordei e planejei um trabalho para ser desenvolvido em etapas, ao longo de duas semanas.*

A primeira atividade consistiu numa discussão em duplas, para decidir a quem e por que escrever a carta. Essa discussão entre as crianças sempre propicia que se lembrem de aspectos importantes da mensagem, mesmo que ainda não apareçam elementos para a argumentação. Cada dupla registrou no caderno o resultado da discussão que, em seguida, com as carteiras reorganizadas em um grande semicírculo, foram apresentados a toda a classe.

A partir das falas das crianças, fui elaborando, na lousa, com a ajuda delas, um roteiro do que deveria conter uma carta:
- quem receberá a carta (destinatário): os pais de um aluno da sala;
- quem está mandando a carta: um aluno da segunda série C;

- a data em que a carta está sendo escrita;
- o objetivo de estar escrevendo a carta: conseguir que os pais do aluno em questão venham à reunião na escola;
- a intenção: contar com a ajuda deles no processo de aprendizagem de seu filho.

A partir disso, cada criança escreveu seu projeto de carta, que chamei de primeiro esboço.

O primeiro esboço de Felipe:

2 de abril. **Vai ter reunião de pais na escola no dia 30 de abril as 7 horas da noite.** **A professora falou que os pais tem de ir.** **Felipe da 2a.C**

E o da Camila:

Senhores pais do Felipe **Bom dia.** **Queremos convidar pra reunião da escola. É dia 30.** **Obrigado** **Camila**

Como se pode ver, ainda é muito presente, nesses primeiros esboços, a oralidade expressa na escrita. No segundo dia de trabalho, os alunos tornaram a trabalhar em duplas, comparando suas produções. A professora distribuiu folhas contendo um quadro, o que tem e o que falta, para cada um preencher analisando a produção do colega. Os quadros da dupla Camila e Felipe ficaram assim:

Felipe

O que tem	O que falta
data - vai ter reunião - lugar da reunião - dia da reunião - hora da reunião - os pais tem de ir - assinatura.	quem vai receber a carta - cumprimento - agradecimento

Camila

O que tem	O que falta
quem vai receber a carta - cumprimento - queremos convidar - dia da reunião - obrigado - assinatura.	data da carta - mês, local e hora da reunião - pra que a reunião

Ao final do dia pedi que as duplas ditassem o que haviam registrado e elaborei, na lousa, um quadro semelhante ao dos alunos, registrando o que havia e o que não havia aparecido nas cartas. Através dele, pude mostrar para as crianças as idéias que elas já tinham sobre a estrutura de uma carta.

A maioria havia colocado:

- a data;

- a interpelação (Senhores pais do Felipe, Bom dia, Caros pais);

- o convite, mas sem explicitar o objetivo da reunião; ou, então o motivo, mas justificado de forma pouco consistente (a professora falou que tem de ir);

- agradecimento;

- assinatura.

A partir dessa discussão com todo o grupo, escrevi na lousa, com a ajuda das crianças, um esquema da estrutura de uma carta.

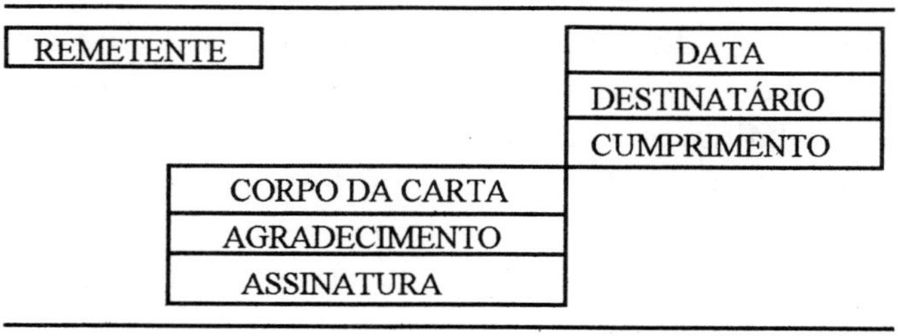

Este esquema ficou registrado em um cartaz afixado na parede da sala.

No dia seguinte, a professora fez cópias de cartas do arquivo da escola (requerimentos, cartas administrativas, de serviços públicos, de museus) para que as crianças as analisassem em função do esquema elaborado. Em grupos, as crianças marcaram com cores diferentes os blocos da carta. Uma discussão com a turma toda, a seguir, levou as crianças a perceberem que, embora todas as cartas possuíssem a mesma estrutura, seus conteúdos variavam em função do objetivo de cada uma. A linguagem e as formas de dirigir-se aos destinatários também eram diferentes conforme o *status* de cada um.

No quarto dia de trabalho com carta, a professora distribuiu o mesmo esquema, em folhas mimeografadas, pedindo que cada dupla recortasse os diferentes blocos nele existentes.

Com esse material, propus que jogassem o quebra-cabeça da carta. A dupla colocava as peças do quebra-cabeça (os diferentes blocos que compõem a estrutura da carta) sobre seus primeiros esboços, devendo identificar, em seus textos, os blocos correspondentes. Logo as crianças começaram a perceber que as peças que não conseguiam encaixar em seus textos correspondiam à parte faltante.

No dia seguinte (quinto) fizemos uma discussão sobre o conteúdo dos diferentes blocos de uma carta:

- O que deve conter o bloco remetente para obtermos uma resposta?
O nome e o endereço completos de quem manda a carta. Resolvemos, neste caso, colocar o endereço da escola e a série e turma do aluno que escreveu a carta.

- O que deve conter o bloco destinatário?
O nome de quem vai receber a carta.

- Como se dirigir às pessoas?
Isso vai depender de seu status. Optamos por "Senhores pais".

Sobre o corpo da carta, discutimos como formular o convite para sermos bem compreendidos. As crianças lembraram: colocar a data, horário e local da reunião.

- Que argumentos empregar para convencê-los da importância de atenderem ao convite?

Lembrei nossa intenção: que os pais possam contribuir para que seus filhos aprendam melhor.

Finalmente, era preciso descobrir as formas de agradecimento mais adequadas.

Elaboramos uma lista de fórmulas conhecidas de agradecimento, a partir daquelas que as crianças utilizaram em suas produções, da pesquisa em cartas que conseguiram com a família e da análise das cartas do arquivo da escola. Essa lista foi registrada em um cartaz que também ficou à disposição de todos, para a reescrita e para a escrita de outras cartas.

A atividade seguinte, individual, consistiu na redação de um segundo esboço (sexto dia), cabendo a cada criança formular claramente o pedido, argumentar e fornecer elementos para a resposta, com a ajuda de todos os instrumentos já desenvolvidos. Cada dupla ficou responsável pela correção de suas produções, tendo por base o esquema elaborado pela classe.

Nos dois dias que se seguiram, as crianças produziram a escrita final, revendo inclusive a ortografia. Para isso, utilizaram seus dicionários e os cartazes afixados na classe referentes à conjugação, pontuação e ao uso de maiúsculas.

Nesse momento, uma criança por vez discutiu comigo seu texto final. Durante esse atendimento individualizado, a classe, organizada em duplas, trabalhava na reescrita dos rascunhos.

A produção final da Camila ficou assim:

10 de abril de 1992

Camila de Oliveira - 2a.C
EMPG..........
Rua..............
[Cidade, estado]

Senhores pais

Queremos convidar para a nossa reunião de pais na escola, que vai ser no dia 30 de abril, às 19 horas, na sala da 2a. série C.

A participação de vocês é muito importante para ajudar seu filho a melhorar.

Esperamos resposta o mais rápido possível, confirmando sua presença.

Muito obrigada

Camila (pela classe)

Cópias de todas as cartas foram arquivadas nas pastas de alunos para servir de apoio a futuras produções. Finalmente, no outro dia, toda a classe foi levar as cartas ao correio. E a professora relata:

Alguns pais responderam por telefone, outros por carta e outros ainda por recados verbais. A reunião foi um sucesso. Durante a reunião, explicamos o objetivo desse trabalho. Todos ficaram muito surpresos com as cartas que receberam. Foi então que pude defender a idéia de que ajudar os filhos não é fazer as tarefas por eles. Eles serão capazes de fazê-las, na medida em que puderem contar com o apoio e o incentivo dos pais no seu processo de construção dos conhecimentos.

Usando jogos para leitura e escrita

A professora Teresa, de uma classe de terceira série, encontrou no tema brincar uma opção para a continuidade do trabalho que vinha desenvolvendo com leitura e escrita.

Vinha observando muitas agressões por parte das crianças durante o intervalo do recreio. Ao optar pelo tema jogos e brincadeiras, pensei que poderia estar incentivando meus alunos a organizar de forma mais sadia seus momentos de lazer. Pensei r, uma forma de divulgar alguns tipos de jogos pela escola e, durante duas semanas, nos envolvemos neste projeto.

No primeiro dia, discuti com as crianças sobre o que vinha acontecendo durante os intervalos do recreio, pedindo sugestões para que esse tempo fosse melhor aproveitado. Discutimos a proposta de divulgar, na escola, alguns jogos e brincadeiras estruturadas.

Pedi que a classe recordasse nomes de brincadeiras e fui listando-as no quadro-negro. Seis foram os jogos mais citados: barra-manteiga, pega-pega, duro ou mole, elástico, amarelinha e caçada. Combinamos, então, que estas seriam as atividades que divulgaríamos pela escola, através de cartazes.

As crianças elegeram o jogo "Caçada" para iniciar o trabalho. A professora pediu um aluno que descrevesse como é esse jogo colega de outra classe, de modo que este entendesse as regras e pudesse brincar. Em seguida, em duplas, compararam suas explicações, anotando os comentários que o parceiro fazia sobre seu texto.

Enquanto isso, eu circulava pela classe, anotando o que ouvia e o que observava nas interações das crianças. Ouvi comentários do tipo: "Não entendi nada!" ou "Você não disse como faz para jogar", ou "Ah! Eu esqueci de dizer onde cada jogador tem de ficar".

No segundo dia, pedi às crianças que relessem suas anotações e falassem os comentários feitos pelos colegas. Esclarecemos dúvidas sobre o jogo e pedi que fizessem as modificações necessárias nos seus textos.

Para o terceiro dia, selecionei textos contendo regras de brincadeiras, folhetos com instruções de jogos. Orientei que cada dupla de crianças escolhesse um e o lesse procurando observar como os autores descreviam a brincadeira ou o jogo. Eles descobriram que, em todos os textos, existia um título e alguns itens básicos, tais como: material necessário, preparação do jogo e evolução. Para esclarecer a estrutura desse tipo de texto, fiz um cartaz com esquema do texto de regras. O cartaz ficou assim:

> NOME DO JOGO
>
> Material necessário
> Número de participantes
> Preparação do jogo: onde dispor jogadores
> onde dispor objetos
> Desenvolvimento do jogo
> Desenhos complementares

Usando o cartaz como suporte, fizemos coletivamente no quadro vários exercícios, tentando colocar dentro desses tópicos as regras de jogos conhecidos. Por exemplo, no jogo de cabra-cega, o quadro ficou assim:

> NOME DO JOGO: CABRA-CEGA
>
> Material necessário: um lenço para vedar os olhos
>
> Número de participantes: quantos quiserem
>
> Preparação: fazer roca / um jogador tapa os olhos com o lenço
>
> Desenvolvimento: Dado um sinal, os jogadores correm e o cabra-cega tenta apanhá-los. Quando ele conseguir apanhar um jogador, tira sua venda e o jogador apanhado transforma-se em cabra-cega.

No quarto dia, as crianças usaram o cartaz para orientar a reescrita individual de seus textos originais sobre a Caçada. No dia seguinte, a classe foi dividida em grupos e cada grupo escolheu um dos jogos citados anteriormente pela classe para redigir. Após a redação, um aluno leu e o grupo, utilizando-se do cartaz anteriormente feito, procurou verificar se haviam esquecido de escrever alguma das etapas do jogo, fazendo os acertos necessários.

A atividade no sexto dia consistiu em trocar os textos entre os alunos para avaliar as produções, utilizando um questionário com perguntas como: "O texto tem título? Descreve o material necessário? Indica o número de participantes? Apresenta desenvolvimento do jogo? A partir da leitura do texto, você sabe como jogá-lo? Ficam dúvidas?" Recebendo seus textos com as respectivas avaliações, os grupos fizeram as correções necessárias. Como última etapa do trabalho, corrigiram a ortografia, redigindo os textos em sua versão final.

Tendo o texto de regras de jogos pronto, passamos à outra etapa do processo, que era decidir como seriam feitos os cartazes de divulgação. Assim, no sétimo dia de trabalho, pedi, para quem pudesse, trazer cartazes. Inicialmente dependuramos esse material nas paredes da sala para que todos pudessem ver. Discutimos o tamanho adequado das letras, as cores mais chamativas, as formas de escrever a mensagem e outros recursos que poderíamos usar, tais como desenhos, figuras explicativas etc.

As crianças decidiram que os cartazes teriam títulos e subtítulos com letras maiores e o texto com letras menores. Usariam pincel atômico grosso, de cores vibrantes. Ilustrariam com desenhos relacionados aos jogos.

Finalmente, no oitavo dia de trabalho, cada grupo escreveu seu texto nos cartazes, e estes foram colocados no pátio.

A atividade foi um sucesso. No recreio, pudemos observar que outros alunos iam lendo os cartazes e faziam as brincadeiras que eles descreviam. Do ponto de vista pedagógico, percebi que as observações sobre as produções de textos que se seguiram foram mais precisas e eficientes.

Para séries mais avançadas, o professor pode planejar esta

tividade dividindo a classe, desde o início, em subgrupos, rabalhando com diferentes brincadeiras ao mesmo tempo. A valiação da redação dos textos, sua compreensão, clareza e estrutura pode ser feita através de um esquema cujos itens sejam levantados com a classe e respondidos na forma de um questionário, semelhante ao utilizado pela professora Teresa.

Organizando o canto de jogos

Observando o resultado positivo desse trabalho, a professora Teresa ampliou-o, voltando a atenção para os jogos que havia na sala de aula.

Embora nosso acervo fosse significativo, explorávamos pouco o canto dos jogos. Expliquei à classe que gostaria de contar com a ajuda deles para melhorar o uso desse espaço, uma vez que facilitava o trabalho diversificado. Planejei esta atividade de modo a utilizar o esquema já construído. Esse novo projeto foi desenvolvido durante cinco dias.

Dividida a classe em grupos de quatro alunos, cada grupo escolheu um dos jogos, redigindo um texto coletivo sobre as regras, apoiados no cartaz feito para o trabalho anterior. Os textos foram trocados entre os grupos para avaliação do entendimento e para a discussão das regras. Um dos textos produzidos foi:

A MEMÓRIA

Material necessário: as fichas
Número de participantes: quem quiser
Precisa arrumar as fichas na mesa.
O jogo: Cada um pega duas fichas para achar o par. Quem tirar o par, pode jogar outra vez. Ganha quem tiver mais que todos.

Cada grupo avaliou em seguida o texto, seguindo o roteiro já usado no outro trabalho. No dia seguinte, as crianças trouxeram jogos de casa, com os respectivos manuais de uso. Em classe, leram esses manuais, comparando estes textos com aquele que haviam redigido para os jogos de pátio. Descobriram algumas diferenças. Observaram que, nos jogos da sala, geralmente o número de participantes é predeterminado, vinculado ao material que compõe o jogo. Nos jogos de pátio, por outro lado, o item material era muitas vezes desnecessário.

Assim, retomei com a classe aquele cartaz sobre a estrutura do texto e fizemos dois ou três exercícios, preenchendo-o oralmente com regras sobre jogos de mesa.

Usando o cartaz como modelo, no terceiro dia de trabalho, cada grupo discutiu as observações feitas pelo outro. Este trabalho foi feito oralmente e visava alimentar cada aluno na escrita individual. Neste momento, circulei entre os grupos participando das discussões e incentivando-os com perguntas. Para intervir no grupo, eu me colocava como um leitor que não acompanhou o processo da escrita e, portanto, não tinha a clareza de quem conhece o assunto.

Finalmente, cada criança redigiu seu próprio texto. Trabalhando em duplas, as crianças retomaram seus textos individuais e os discutiram. A professora colocou no quadro os itens que deveriam constar do texto, para que cada dupla fizesse sua auto-avaliação. Cada grupo escolheu então o texto escrito com melhor letra e todos os grupos leram seus textos para a classe. Os demais textos foram guardados em pastas para servirem de apoio às próximas escritas.

Foi interessante observar que houve um crescente interesse pelos jogos, obrigando-me a reorganizar a rotina da semana, ampliando horário para esta atividade.

Aprendendo a escrever receitas

Ao fazer seu planejamento para o mês de outubro, a professora Olinda, da terceira série, aproveitando a semana da criança, decidiu propiciar à classe ao mesmo tempo a vivência de momentos coletivos agradáveis e um trabalho diferente com a escrita. Ela sugeriu que, nessa semana, as crianças preparassem merendas diferentes, pensando em trabalhar com o registro das várias receitas.

A organização inicial consistiu em dividir a classe em cinco grupos, ficando cada grupo encarregado da merenda de um dia da semana. O cardápio — um lanche rápido — seria decidido pelas crianças, incumbidas de prepará-lo e servi-lo. Um cartaz resumiu a merenda da semana, com os respectivos responsáveis. A professora orientou a distribuição das responsabilidades pela compra dos ingredientes.

Inicialmente, eu mesma levei os ingredientes necessários e, juntos, seguindo a receita, fizemos patê de atum, preparamos e arrumamos os sanduíches, dando um ar de festa à merenda diária (...) A semana foi gostosa e as crianças mostraram muito interesse em repetir as receitas em casa. Aproveitando o entusiasmo, sugeri que fizéssemos um livro de receitas, o que foi aceito por todos. Planejei trabalhar com a estrutura do texto de receitas em várias etapas.

No primeiro dia, propus que lembrássemos a receita do patê de atum, rememorando os ingredientes e a forma de fazê-lo. Em seguida, pedi que cada criança escrevesse a receita, do modo como soubesse. Durante essa atividade, eu circulava pela classe e pude observar alguns textos:

TEXTO 1

A gente pegou a lata e misturou o atum na maionese. Tinha que misturar muito. Depois botou a cebola e aquela plantinha verde. Fui eu que passei no meu pão.

TEXTO 2

Para o patê de atum precisa de atum,
maionese
cebola
cheiro verde
Nós misturamos tudo até ficar uma pasta e passamos no pão.

TEXTO 3

Ingredientes
lata de atum - maionese - cebola - cheiro verde - pão
Receita
Abrir a lata de atum.
Misturar tudo com a maionese.
Passar o patê no pão e comer.

Percebendo a diversidade dos textos produzidos, a professora sugeriu que os alunos se organizassem em duplas e lessem os textos dos colegas, observando as semelhanças e diferenças entre eles. Comentaram oralmente as observações: muitos esqueceram o título, poucos usaram desenhos como complemento da receita, metade da classe escreveu a receita em forma de lista, poucos perceberam os blocos que caracterizam este tipo de texto.

Para o dia seguinte, ela selecionou textos de receitas, livros de culinária e fichas de cozinha publicadas em revistas e trouxe para a classe. Em grupos, as crianças analisaram o material, recebendo depois um questionário sobre as características desses textos, para ser respondido individualmente (Tem título? Em quantas partes se divide a receita? Qual é o título da parte do texto que mostra tudo o que você vai precisar para fazê-la? Qual é o título da parte do texto que mostra como se faz a receita? Existem desenhos que explicam como fazê-la? Copie alguns verbos da receita).

Em seguida pedi que, em grupos, lessem suas respostas. Circulei pela classe atendendo aos grupos e incentivando a discussão. Pude observar que a grande maioria respondeu corretamente, o que contribuiu para que reconhecessem a necessidade de seguir um modelo na confecção de receitas. Quanto ao último item, os verbos, eles perceberam que as receitas usam diferentes tempos verbais, mas que não se misturam no mesmo texto.

No terceiro dia, iniciei a aula propondo que construíssem uma ficha pontuando os itens necessários para escrever uma receita. Junto com a classe, relembramos as respostas dos questionários e das observações. Depois, individualmente, eles fizeram anotações que ficaram mais ou menos assim: eu faço uma lista de ingredientes, explico a ordem em que deve ser feita; eu escolho dizer durante a receita pegue, ou pegar, misture ou misturar; posso desenhar as figuras da receita.

A ficha foi considerada um apoio pessoal para a escrita, e as crianças passaram a chamá-la de receita da receita. No entanto, sentindo necessidade de uma referência no coletivo, a professora propôs fazerem um cartaz, explicitando os três blocos de texto:

Título
Ingredientes (indicar as quantidades) (não usar travessão)
Preparação (escrever o texto na mesma ordem em que se deve fazer a receita)

À medida que o cartaz foi sendo montado, as próprias

crianças acrescentaram os itens que faltavam em suas fichas individuais.

No quarto dia, ela distribuiu um texto mimeografado com a receita do patê de atum, porém escrito desordenadamente, sob a forma de quebra-cabeça. Teve o cuidado de usar letras maiores para o título e mais grossas para os subtítulos. Pediu que as crianças, individualmente, recortassem as tarjetas e as ordenassem. O objetivo era avaliar a compreensão do estudo feito até então.

Ingredientes	Abrir a lata de atum.	Misturar o atum com a maiones até virar uma pasta.
3 ramos de cheiro verde 1 cebola	PATÊ DE ATUM	4 latas de atum
3 pães de forma	**Preparação**	Passar a pasta pronta numa fatia de pão e cobrir com outra. Servir.
1 vidro de maionese	Picar o cheiro verde e a cebola e acrescentar na pasta. Misturar mais um pouco.	

Ao final da atividade, as crianças analisaram e compararam seus resultados em duplas e, em seguida, a professora orientou uma discussão coletiva, em que puderam perceber que a lista dos ingredientes não segue uma seqüência predeterminada, ao passo que no item preparação esta seqüência existe e deve ser seguida.

No quinto dia considerei que os grupos estavam prontos para escrever suas próprias receitas. Pedi que usassem as anotações individuais e o quadro que tínhamos construído como apoio. Cada grupo deveria primeiro lembrar os ingredientes usados na receita do seu dia e discutir verbalmente o modo como tinha sido feita. Em seguida, as crianças fizeram seus primeiros rascunhos, individualmente. No dia seguinte, cada um procurou um parceiro do grupo para compa-

rarem os textos. Orientei para que analisassem a escrita do texto, tomando como referência a receita da receita, e sugerissem as modificações que achassem necessárias visando a melhor compreensão. Circulando pela classe, ouvi sugestões do tipo: "Você esqueceu que os ingredientes têm de ser escrito assim; Quanto de azeitona tem de pôr? Você não disse...; Ih! A ordem de fazer está diferente..."

Tendo cada um feito as correções necessárias, no dia seguinte (o sétimo de trabalho nessa atividade) a professora distribuiu uma ficha de avaliação:

NOME:		DATA:	
AVALIAÇÃO DA RECEITA			
Seu texto tem título?		[ ] SIM	[ ] NÃO
Apresenta dois blocos de texto?	Ingredientes	[ ] SIM	[ ] NÃO
	Preparação	[ ] SIM	[ ] NÃO
Colocou as quantidades em todos os ingredientes?		[ ] SIM	[ ] NÃO
Explicou todos os passos da preparação?		[ ] SIM	[ ] NÃO
A ordem de fazer a receita está escrita corretamente?		[ ] SIM	[ ] NÃO
Escreva alguns verbos que você usou: ____________			
A apresentação no papel está limpa e clara?		[ ] SIM	[ ] NÃO

Após responderem à avaliação, os alunos refizeram o texto. Cada grupo escolheu um redator para escrever o texto em sua forma final, numa folha de estêncil. Mimeografadas as cópias, cada aluno ficou com cinco receitas de lanches. As cópias foram grampeadas com uma capa, ilustrada de acordo com o gosto de cada um. Levaram os livros para as mães e algumas cópias a mais foram tiradas para ficar na biblioteca da classe.

Uma semana mais tarde, outra turma da escola soube

do trabalho e quis fazer um lanche diferente. Os livros de receitas foram emprestados, fizeram o maior sucesso.

Avaliando a aprendizagem

Leitura e escrita, como vimos, implicam muito mais do que decodificar sinais, juntar frases ou responder questões ao final de um texto. As provas tradicionais, que testam apenas arbitrariamente alguns aspectos que podem ser quantificados, não são adequadas para avaliar os progressos realizados pelo aluno ao longo da aquisição das habilidades de redação e compreensão de textos.

A sala de aula oferece inúmeras alternativas para que o professor substitua os testes tradicionais pela observação continuada dos alunos, percebendo sinais da aquisição de novos conhecimentos: a satisfação ao realizar uma tarefa, a habilidade para utilizar uma informação, a resposta emocional ao argumento de um autor... Uma abordagem de avaliação que considere a leitura e a escrita enquanto processos de aquisição gradual deve proporcionar ao professor informações que o habilitem a descrever os progressos realizados pelos alunos, bem como a redirecionar sua atuação, de modo a garantir que todos aprendam.

É sempre bom ter em mente que a aprendizagem é um processo não linear, cheio de idas e vindas. Às vezes, parece que os resultados demoram a aparecer, mas, observando atentamente, vemos que a aprendizagem está acontecendo, e que é preciso persistência para a consolidação de atitudes e hábitos produtivos em relação a ler e escrever.

O professor precisa, pois:

- conhecer bem cada aluno: seu ambiente familiar, cultural, experiências anteriores, características pessoais, o estilo de aprendizagem...;

- conhecer o processo de aquisição da leitura e escrita (é difícil saber o que observar quando não se sabe o que se está procurando);
- conhecer bem os materiais utilizados pela classe. O professor que gosta de ler e que está familiarizado com os livros que indica aos alunos pode divulgá-los efetivamente, desenvolvendo rapidamente o entusiasmo pela leitura em sua turma;
- proporcionar tarefas adequadas às características dos alunos, garantindo assim um clima de expectativa de sucesso.

Para conhecer os alunos, algumas professoras vêm utilizando fichas que os alunos preenchem no começo do ano letivo. Eventualmente, no começo do semestre seguinte, pedem que preencham as fichas outra vez, verificando com eles se houve alteração (por exemplo, dependendo do trabalho realizado, é possível que um aluno que, de início, dizia não gostar de escrever, declarar depois que adora escrever...). As fichas que se seguem, usadas por duas professoras, são apenas exemplos; cada professor elabora as suas, adaptadas às características de sua classe.

Para melhor acompanhar o progresso dos alunos, seus trabalhos podem ser guardados em pastas individuais que eles próprios folheiam periodicamente, selecionando os melhores. Nas séries finais, os intervalos de análise das pastas podem ser de até um bimestre, e nas séries iniciais podem ser mais curtos, sempre considerando as características de cada turma. É interessante que cada aluno tenha pelo menos três pastas. Uma onde coleciona todas as suas produções escritas, uma segunda para reunir seus melhores trabalhos em cada período de revisão e auto-avaliação, e uma terceira para colecionar anotações sobre os livros lidos: autores, personagens prediletos, trechos interessantes, comentários ou críticas sobre a obra ou autor. Se o caderno de escrita diária é adotado em classe, alguns de seus trechos podem ser selecionados pelos alunos para constar da pasta. O registro na pasta de leitura deve ser algo agradável e não parecer um castigo para o estudante. O mais importante é que esta seja uma oportunidade para ele expressar suas idéias sobre os livros, especialmente sobre aqueles que tiveram um significado especial em sua vida.

COMO EU SOU

Nome:______________________ Série:______ Data:__________

	SIM/NÃO	COMENTÁRIOS/EXEMPLOS
1. Gosto de expressar minhas idéias: - desenhando - escrevendo - falando		
2. Gosto de escrever		
3. Gosto de ler		
4. Gosto de falar sobre: - minhas coisas, meus sentimentos - coisas que eu vejo na TV - coisas de estudo - outras coisas		
5. Gosto de descobrir coisas por mim mesmo		
6. Continuo fazendo as coisas mesmo quando são dificeis		
7. Assumo responsabilidades		
8. Aprendo com meus erros		
9. Outros comentários		

A LEITURA E EU	
Nome: ______________ Série: ______ Data: ______	
Desenhe um rosto para mostrar o que acontece ou como se sente sobre você e a leitura: Se você faz isso muitas vezes, desenhe ☺ Se você faz isso de vez em quando, desenhe 😐 Se você não faz isso nunca ou quase nunca, desenhe: ☹	
1. Eu gosto de ler	
2. Eu posso ler sozinho	
3. Quando encontro uma palavra difícil, tento descobrir o que ela quer dizer	
4. Eu sei como ler a pontuação de um texto	
5. Eu gosto que os outros leiam histórias para mim	
6. Eu pego livros da biblioteca	
7. Gosto de levar livros da escola para casa	

As crianças esperam ser bem-sucedidas quando desempenham tarefas que dominam, sabendo o quê, o porquê e o para quê do que estão lendo ou escrevendo. Assim, para uma boa visão do progresso da turma, é preciso tomar alguns cuidados:

- avaliar sempre em termos das tarefas solicitadas;
- verificar se as instruções ou questões propostas aos alunos são claras e específicas;
- focalizar a comunicação em situações reais: avaliar o uso da linguagem é verificar se o aluno demonstra habilidade efetiva de enviar e compreender mensagens;
- avaliar ponderadamente a adequação às convenções da escrita;
- assegurar que os alunos tenham consciência de seus pró-

prios progressos; e, para isso, ajuda-os a manter bons registros de seu próprio desempenho.

Os alunos são os melhores avaliadores de seus próprios progressos e precisam aprender a documentá-los, assumindo responsabilidade por sua própria aprendizagem. Uma forma de viabilizar este envolvimento dos estudantes é pedir-lhes que preencham, a partir da análise dos trabalhos realizados no período, fichas de auto-avaliação contendo itens sobre as técnicas e convenções de escrita que estão apreendendo. Fichas como essas só terão sentido, no entanto, se os alunos realmente as utilizarem; assim, o professor precisa programar momentos para que as analisem e possam comentar seus avanços e dificuldades.

Uma maneira de ajudar os alunos a rever suas próprias produções é construir, com eles, uma ficha que sirva de roteiro para conferir a presença de elementos básicos em seus textos, com perguntas-lembretes como: "Coloquei meu nome?, data?, título? Verifiquei a pontuação? Reli com cuidado?" Ao terminarem a escrita final de um texto, os alunos naturalmente consultam esse roteiro e fazem uma avaliação prévia.

Nesta abordagem da avaliação da aprendizagem, o papel do professor é analisar sistematicamente amostras das produções dos alunos, não para corrigi-las e atribuir uma nota ou conceito (nem muito menos passar horas assinalando, com caneta vermelha, erros ortográficos e gramaticais cometidos pelos alunos), mas para colher subsídios e informações que lhes permitam planejar as aulas e programar os tempos das atividades, de modo a possibilitar aos alunos avançarem, superando suas dificuldades. Para isso, também precisa manter seu próprio registro sobre o desempenho dos alunos. A maioria dos professores concorda que é muito difícil guardar de cabeça um registro preciso sobre os progressos e as dificuldades de cada aluno, observados diariamente; assim, alguns preferem fazê-lo em caderno próprio, outros anotam observações nos próprios trabalhos dos alunos, outros ainda usam fichas ou roteiros para facilitar o registro. As fichas que se seguem são usadas por uma professora das séries iniciais; usando folhas de papel deitadas, ela mantém vários registros na mesma folha, facilitando a percepção do processo de cada um.

ALUNO COMO ESCRITOR

NOME ______________________ SÉRIE ______

		DATA:_______		DATA:_______	
		Sim/Não	Comentários	Sim/Não	Comentários
1	Tem prazer em escrever				
2	Tem facilidade/fluência na escrita				
3	Escreve espontaneamente (bilhetes, cartas, o quê)				
4	O texto é rico em idéias, criativo				
5	Os textos têm começo/meio/fim				
6	Revela opiniões próprias				
7	Incorpora palavras recentemente aprendidas				
8	Apresenta progresso no uso da ortografia convencional				
9	Troca texto com o colega espontaneamente/por sugestão minha				
10	Relê e faz revisão do texto a partir das sugestões recebidas				
Observações					

Eis um pequeno trecho da ficha de um aluno, preenchido no final de agosto:

5	Os textos têm começo/meio/fim	-	*Seu texto só agora começou a ter cara de texto. Ainda é bem curto*
6	Revela opiniões próprias	*Não*	*Ele externa mais opiniões quando fala*
7	Incorpora palavras recentemente aprendidas	-	*Raramente, pois praticamente só agora começou escrever*
8	Apresenta progresso no uso da ortografia convencional	*Sim*	*Está apresentando progresso, embora bem lento*
9	Troca texto com o colega espontaneamente/por sugestão minha	*Raramente*	*Quando insisto, faz a troca e dá idéias Tem mais facilidade para falar do que para escrever.*
10	Relê e faz revisão do texto a partir das sugestões recebidas	*Às x*	*Mas é um dos alunos que precisa de muita insistência*

E, aqui, a ficha que a mesma professora usa para acompanhar progresso de seus alunos na leitura.

ALUNO COMO LEITOR

NOME SÉRIE

	DATA:____________		DATA:____________	
	Sim/Não	Comentários	Sim/Não	Comentários
1 Lê livros (com que freqüência/espontaneamente/quando solicitado)				
2 Lê outros materiais (gibi, o quê...)				
3 Escolhe espontaneamente ler em seu tempo livre				
4 Comenta leituras com colegas ou comigo				
5 Sua leitura oral é fluente expressiva				
6 Ouve histórias, poemas, com interesse				
7 É capaz de recontar histórias ouvidas / lidas				
Observações				

Seja qual for o processo que o professor escolha para registro, o importante é que, no processo de avaliação, tanto ele como seus alunos, juntos, possam perceber o quanto aprenderam. O professor precisa estar atento para criar oportunidades em que os estudantes possam falar sobre as coisas novas que estão aprendendo, tentando fazer da avaliação sempre um momento de celebração da aprendizagem.

REFERÊNCIAS BIBLIOGRÁFICAS

CALKINS, Lucy. *A arte de ensinar a escrever.* Porto Alegre: Artes Médicas, 1989.

DIETZSCH, Mary Júlia, SILVA, Ma. Alice Setubal S. Intinerantes e intinerários na busca das palavras. *Cadernos de Pesquisa,* São Paulo, nº 88, pp. 55-63, Fev./1994.

FOUCAMBERT, Jean. *A leitura em questão.* Porto Alegre: Artes Médicas, 1994. Cap. "A escola, ou a vida entre parênteses".

HADDAD, Clice Capelossi. O aprendizado da leitura. *Revista Trino,* São Paulo, nº 2, pp. 34-38, 1991.

JOLIBERT, Josette. *Formando Crianças Leitoras.* Porto Alegre: Artes Médicas, 1994.

JOLIBERT, Josette. *Formando Crianças Produtoras de Textos.* Porto Alegre: Artes Médicas, 1994.

KAUFMAN, Ana Maria e Rodrigues, Maria Helena. *La Escuela y los Textos.* Buenos Aires, Santollana, 1994.

LAJOLO, Marisa. O texto não é pretexto. In: ZILBERMAN, Regina (org.) *Leitura em crise na escola: as alternativas do professor.* Porto Alegre: Mercado Aberto, 1982.

MURRAY, Donald. *Write to learn*. Philadelphia: Harcourt Brace Jovanovitch College Publ., 1990.

ORLANDI, Eni. *A linguagem e seu funcionamento*. 2ª ed., Campinas: Pontes, 1987.

SMITH, Frank. *Compreendendo a leitura: uma análise psicolingüística da leitura e do aprender a ler*. 2ª ed., Porto Alegre: Artes Médicas, 1991.

Idéias Matemáticas:
A Construção a Partir do Cotidiano

Célia Maria Carolino Pires
Maria Amábile Mansutti

Enquanto agente fundamental da formação de novas gerações e enquanto produtora de conhecimento, a escola se vê diante do desafio de buscar novos caminhos para cumprir o papel que dela se espera. A visão de conhecimento como mero acúmulo de informações não satisfaz mais às exigências da sociedade, levando à questão: o que a escola pode fazer para organizar um contexto sólido de aprendizagem, que prepare o aluno para utilizar, com autonomia, os conhecimentos de que se apropria?

No que se refere à aprendizagem dos conteúdos matemáticos, a tentativa de resposta leva a pensar em duas direções: no quadro de referências que embasam uma proposta de currículo e nas finalidades do ensino da Matemática.

O quadro de referências de uma proposta curricular engloba:

- a seleção dos objetos a serem estudados, traduzidos em conteúdos que tenham valor formativo e sejam significativos para os alunos;

- o que se pretende que os alunos alcancem com esses objetos de estudo, em termos de aquisição de informação, construção de conceitos, desenvolvimento de habilidades, atitudes e capacidades intelectuais;
- uma concepção de aprendizagem embasando situações de ensino que permitam a cada aluno vencer obstáculos, efetuando saltos compatíveis com seu desenvolvimento, ao longo do período escolar;
- uma concepção de avaliação enquanto acompanhamento da aprendizagem, que observa o desempenho da classe e de cada aluno na realização das tarefas, numa postura que estimula o aluno a acompanhar conscientemente seu próprio desempenho.

Com relação às finalidades do ensino de Matemática, é importante observar dois aspectos: os objetos devem ser compatíveis com a natureza da Matemática e, ao mesmo tempo, coerentes com as intenções expressas na proposta global de currículo.

Para viver em sociedade, alguns conhecimentos matemáticos são fundamentais. Saber contar, calcular, medir, estabelecer relações proporcionais, reconhecer formas, ler gráficos e tabelas, ou mesmo compreender os mecanismos financeiros é tão essencial quanto saber ler, escrever, localizar-se no tempo e no espaço, desenvolver noções de higiene que levem à preservação da saúde, entre outros. Além de facilitar a compreensão da realidade, a Matemática é, também, a base para o desenvolvimento e conhecimento de outros campos do saber como a Física, a Química, a Biologia, a Genética etc.

No entanto, as aplicações práticas e o caráter instrumental não bastam para justificar a Matemática no currículo. Em sua natureza, existe outro aspecto que não se esgota na face utilitária: é possível ver a Matemática como um vasto campo de relações curiosas, de regularidades, de coerências, capazes de produzir uma motivação intelectual que leve o aluno a desenvolver a capacidade de abstrair, generalizar, projetar e transcender o que é imediatamente visível (SEC/SP, 1988), capacidades fundamentais na formação do cidadão. Esta dimensão do caráter de formação intelectual certamente amplia as finalidades da Matemática no currículo.

Assim, as duas direções devem estar reunidas, de tal forma que o ensino de Matemática possa espelhar o quadro de referências que embasam o currículo, ao mesmo tempo que cumpre suas finalidades. Nesse sentido, a resolução de problemas pode ser uma alternativa para construir esse caminho.

Este capítulo propõe-se a mostrar aos professores formas de trabalhar nessa linha, explorando as idéias matemáticas como forma de comunicação, ancoradas no cotidiano. Através do relato de aulas de professoras que desenvolvem projetos baseados nessas concepções, discute aspectos relacionados aos objetivos e conteúdos matemáticos e, sobretudo, aspectos de natureza metodológica, fundamentais para quem deseja orientar o ensino de Matemática pela linha da resolução de problemas. Espera-se que o capítulo possa auxiliar os interessados a construírem suas próprias práticas, a partir de suas realidades pedagógicas e da criatividade de cada um.

Aprender através da resolução de problemas

No ensino da Matemática, uma prática comum consiste em ensinar respostas-padrão para perguntas igualmente padronizadas, onde os conteúdos aparecem descontextualizados e totalmente desprovidos de significado para os alunos. Geralmente apresenta-se uma demonstração inicial, solicitando em seguida que o respectivo conteúdo seja aplicado para resolver problemas.

Opondo-se a essa prática, a resolução é uma abordagem do ensino de Matemática que propõe a apropriação do conhecimento com significado. É importante conhecer os pressupostos desse processo de trabalho, que é a própria essência do fazer Matemática. Muitos professores podem pensar que se trata apenas de providenciar uma boa lista de problemas para ir selecionando os que serão propostos aos alunos. Ainda que tais listas existam, essa abordagem conhecida como de resolução de problemas parte de outros pressupostos.

Resolver um problema não significa apenas compreender o que foi proposto e dar respostas aplicando técnicas e fórmulas adequadas, mas sim, principalmente, despertar no aluno uma atitude de investigação diante do que está sendo explorado. Assim, aprender a dar uma resposta que tenha sentido, que seja correta, pode ser suficiente para que ela seja aceitável e até convincente, porém não garante a apropriação do conhecimento envolvido no problema. Para que isso aconteça, além de dar respostas, é preciso testar seus efeitos e comparar diferenças de solução.

Sob este enfoque, o valor da resposta correta cede lugar ao do *processo* de resolução. A explicação do processo, o surgimento de diferentes estratégias de solução, o confronto entre elas é que são os aspectos relevantes, porque é através deles que o aluno vai desenvolver uma postura que gera o senso crítico e a criatividade — condições fundamentais para a aprendizagem.

Em síntese, o ensino voltado para a resolução de problemas enfatiza, primordialmente, a possibilidade de os alunos se apropriarem de conhecimentos matemáticos traduzidos por informações, técnicas, conceitos, habilidades e atitudes, ao mesmo tempo que os leva a descobrirem diferentes estratégias de solução, a desenvolverem procedimentos para verificar ou controlar o próprio trabalho, os resultados em confronto com os procedimentos utilizados, exercitando a criatividade e o processo de tomada de decisão.

Para pôr isso em prática na sala de aula, o professor parte de situações-problema, que pressupõem a busca de caminhos para vencer um obstáculo, com o objetivo de atingir um fim desejado. Uma situação-problema é diferente de um exercício: sua solução não é imediatamente obtida pela simples evocação da memória, mas pressupõe a elaboração de um plano para obtê-la. Assim, as situações-problema devem ser encaradas pelo professor como atividades que apresentam desafios, obstáculos a serem ultrapassados pelos alunos, com o objetivo de mobilizar seu interesse e orientar suas ações, dando-lhes idéia de onde devem chegar. Sua realização possibilita exercitar processos mentais e acionar conhecimentos no sentido de vencer o obstáculo. Para ultrapassá-lo, não basta compreender e repetir uma série de exemplos ou evidenciá-los em uma resposta: é preciso experimentar, comparar, opor, construir hipóteses, prever conseqüências, pôr à prova.

A matemática como comunicação

O sentido que o mundo adquire para nós provém da comunicação. A comunicação, os debates, a interação com colegas ajudam a clarear os pensamentos e desenvolver estruturas mentais. Representar, falar, escutar, escrever e ler são habilidades de comunicação que devem fazer parte da aprendizagem matemática. O professor facilita quando propõe perguntas que levem os alunos a expor seus pontos de vista, a descrever e explicar suas estratégias de solução.

Ao observar e escutar os alunos, o professor tem a oportunidade de identificar e valorizar os conhecimentos que manifestam. A comunicação desempenha um papel fundamental na aprendizagem matemática porque permite a construção de vínculos entre os conhecimentos informais e a linguagem simbólica própria da Matemática. Através da comunicação, percebe-se as relações entre representações gráficas, simbólicas, verbais, mentais e as idéias matemáticas. Quando os alunos percebem que uma representação matemática serve para descrever muitas situações distintas e que algumas formas de representação são mais úteis do que outras, começam a compreender a importância da Matemática, sua flexibilidade e utilidade.

O relato das atividades que a professora Patrícia vem desenvolvendo com alunos de uma quarta série ilustra um pouco o trabalho nessa linha, tendo como eixo central a resolução de problemas. As atividades aqui descritas estenderam-se ao longo de seis semanas.

Logo no início do ano, sua maior preocupação era propiciar condições para que os alunos desenvolvessem capacidades básicas para a resolução de problemas. Decidiu que o primeiro trabalho a ser feito deveria levar à aprendizagem de formas de obter, organizar e comunicar informações, habilidades fundamentais na resolução de problemas. As conversas entre os alunos, a fim de se conhecerem, naturais nesse período, propiciaram a oportunidade que ela aproveitou para começar a organizar informações. Seguindo esse caminho, ela pretendia mostrar a Matemática como forma de comunicação.

Iniciando a primeira etapa do trabalho, Patrícia sugeriu que os alunos elaborassem, individualmente, pequenos cartazes com seus dados pessoais: nome, dia, mês e ano de nascimento, peso, altura, local de nascimento e endereço.

Interessados, os alunos ilustraram seus cartazes com fotos e desenhos, com os quais organizaram um grande mural.

A partir das informações do mural, ela poderia planejar atividades para explorar os processos de classificação, ordenação, os conceitos de medida e média aritmética, assim como a construção e a interpretação de diagramas, tabelas, gráficos e o exercício do cálculo. Restava organizar as situações-problema que desencadeassem todo esse trabalho.

Antes de propor um problema, é sempre bom considerar os pontos de partida ressaltados pelos estudiosos do assunto:

- as condições dos alunos para a aprendizagem, o conhecimento disponível, as habilidades mentais desenvolvidas, o desafio cognitivo que o problema lhes coloca;
- o próprio problema: a forma como é apresentado (verbalmente, texto, gráfico, desenho), a ordem em que os dados aparecem, o tamanho do texto, a complexidade gramatical, o grau do desafio proposto;
- o contexto do problema: se é relacionado com aplicação prática ou se é um problema que se situa no campo conceitual da Matemática;
- a situação didática: o ambiente em que transcorre a tarefa, o interesse da classe pelo problema, o encaminhamento dado à resolução (individual ou coletivo), o estímulo ao diálogo e à troca de opiniões.

No caso presente, a professora partiu de dados sobre os próprios alunos (garantindo seu interesse) para desenvolver inicialmente habilidades de classificação e ordenação, enquanto lidavam com noções sobre o tempo.

Como primeira atividade, Patrícia propôs aos alunos que observassem as informações apresentadas no mural e identificassem semelhanças e diferenças, de modo a agrupá-las ou arrumá-las em uma determinada ordem.

Logo os alunos sugeriram:

- fazer um cartaz com os aniversariantes de cada mês;
- listar os alunos com a mesma idade;
- listar por ordem de tamanho ou por idade etc.

Decidiram em conjunto começar por fazer uma lista por ordem de idade. Embora aparentemente fácil, essa atividade mostrou como os alunos obtinham e organizavam as informações necessárias para realizar a tarefa. Alguns recorreram sempre ao mural. Outros procuraram organizar listas com os dados de cada aluno em pequenos pedaços de papel, o que gastava muito tempo e retardava a execução da tarefa.

Interrompendo a atividade, Patrícia provocou uma conversa para que relatassem os caminhos que estavam seguindo. Comparando os caminhos, os alunos chegaram à conclusão de que organizar listas apenas com os dados relevantes era o mais prático para a situação. Na tarefa de ordenar por idade, os dados relevantes pareciam inicialmente ser apenas o nome e o ano de nascimento. No entanto, como os alunos da mesma classe têm aproximadamente a mesma idade, perceberam que era preciso levar em conta também o mês e até o dia do aniversário.

Discutiu e analisou com a classe a maneira como estavam realizando o trabalho de ordenação por idade. Vários alunos classificaram primeiro os colegas por ano de nascimento:

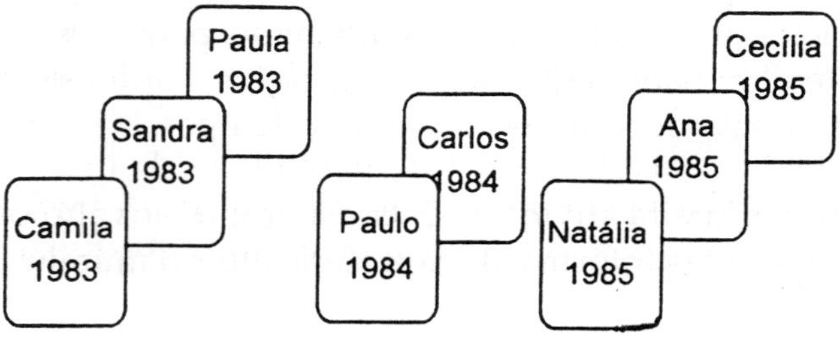

Em seguida, para ordenar pelo mês, dentro do mesmo ano, alguns alunos precisaram recorrer ao calendário.

E, finalmente, ordenaram-nos pelos dias, começando pelos mais velhos.

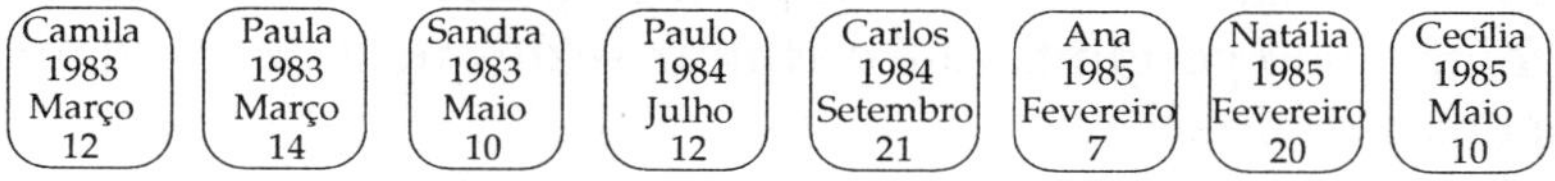

Na discussão coletiva, a classe concluiu que pensar dessa maneira, arrumar desse jeito facilita ordenar todos por idade.

O ato de comparar, por meio do qual se estabelecem relações de semelhanças e diferenças, possibilita classificar, ou seja, agrupar por semelhanças, e ordenar, isto é, estabelecer uma regra através da qual os elementos se relacionam por diferença. A noção de diferença de idade, no caso, implica a de medida de tempo. Para trabalhar com ela, Patrícia decidiu fazer uma retomada do assunto a partir de algumas situações-problema.

Como a classe tinha feito um passeio de confraternização no início do ano letivo, propôs-lhe um desafio: "Hoje é dia 13. Faz exatamente vinte dias que visitamos o Zoológico. Descubra a data e indique o dia da semana em que este fato aconteceu".

A primeira orientação foi para que trabalhassem individualmente e não consultassem o calendário, mas que procurassem reproduzi-lo contando os dias regressivamente.

Logo a professora notou que vários alunos, apesar de identificarem a data, tinham dificuldade de encontrar o dia da semana. Alguns estavam tentando encontrar a resposta fazendo cálculos que não os levavam a conclusão alguma. Por exemplo, um deles rabiscava: 13 - 7 = 6, 6 - 7 = ?, não sabendo o que fazer com esta última expressão. Perguntando-lhe, então, por que fizera isso, obteve a resposta: "Estou descontando as semanas". Patrícia percebeu que este aluno sabia que, descontando-se sete dias, caía-se no mesmo dia da semana anterior; interpelando a classe em conjunto, foi fazendo perguntas até certificar-se de que todos haviam percebido isso.

O grande obstáculo, entretanto, era a mudança de mês. Sugeriu então que todos tentassem representar graficamente a seqüência dos dias, desde o dia de hoje até o dia do passeio. Como ela pensava, alguns empacaram quando chegaram no dia 1º de abril. Provocou nova discussão na classe até perceberem que quem o antecedera era o último dia de março, ou seja, 31. Exibindo o trabalho de uma aluno, ela perguntou se seria possível marcar, nessa seqüência de dias, o início e o término das semanas.

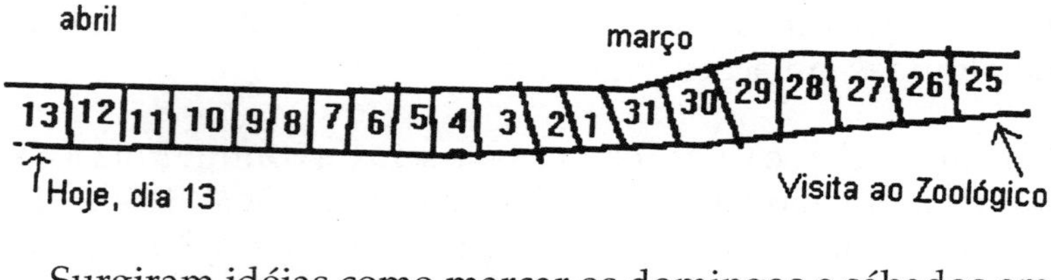

Surgiram idéias como marcar os domingos e sábados em vermelho, construir uma tabela de sete em sete etc. Todas as idéias permitiram descobrir em que dia da semana haviam feito o passeio. Um aluno teve a idéia de recortar a tira dos dias em pedaços de sete em sete, montando-a na seguinte disposição:

13	12	11	10	9	8	7
6	5	4	3	2	1	31
30	29	28	27	26	**25**	
Quinta	Sexta	Sab.	Dom.	Seg.	Terça	Quarta

Solicitou então que ele a reproduzisse no quadro-negro. Estava diferente, porém parecido com o calendário conhecido de todos. Após a discussão, como fechamento, a professora sugeriu que, em pequenos grupos, os alunos montassem o calendário dos meses de março e abril.

Construindo o calendário, as crianças foram se familiarizando com as idéias de sucessão e medida dos intervalos de tempo de semana e mês. A situação-problema proposta na etapa seguinte visava estender as noções que estavam construindo para a dimensão anual.

Patrícia distribuiu as crianças em grupos, fornecendo a cada um cópias dos calendários do ano em curso e do ano seguinte. Solicitou que todos encontrassem os dias de seus aniversários nos dois, observando em que dia da semana cairiam.

Provocando a discussão coletiva, fez com que os alunos percebessem que a data de todos os aniversários avançava um dia em relação ao ano anterior. O desafio que propôs foi que tentassem explicar e comprovar essa observação através de um procedimento matemático. Aos poucos, os grupos foram percebendo que se no ano coubessem as semanas certinho, o aniversário seria sempre no mesmo dia da semana; a explicação, pois, tinha a ver com o número de semanas no ano.

A professora estimulou a classe a prosseguir nessa linha, perguntando como era possível descobrir quantas semanas completas há em um ano. Todos os grupos acabaram por encontrar a resposta através do cálculo:

$$\begin{array}{r|l} 365 & 7 \\ \cline{2-2} 15 & 52 \\ \cline{1-1} 1 & \end{array}$$

Discutindo o que representava o resto um, todos entenderam por que a data do aniversário — e qualquer dia — avança um dia da semana, de ano para ano. Patrícia perguntou-lhes então se isso acontecia sempre. Como ninguém mencionasse o ano bissexto, ela perguntou-lhes se todos os anos têm o mesmo número de dias...

A próxima questão proposta foi descobrir o que acontece com a data do aniversário de um ano normal para um ano bissexto, pedindo que cada grupo escrevesse suas respostas. Passeando pelos grupos, a professora foi questionando-os até certificar-se de que todos os alunos haviam compreendido a relação entre o dia da semana de uma determinada data e a sucessão dos anos, quando um deles é bissexto; ao final, um aluno de cada grupo leu suas conclusões.

A conclusão lida por André foi a seguinte:

> *No ano bissexto, o mês de fevereiro tem 29 dias, com isso dá 366 dias no total, tem um dia a mais do que nos anos normais. Então a data do aniversário vai cair dois dias da semana pra frente. Por exemplo, o aniversário da Rita esse ano cai na quinta, no ano que vem cai na sexta. Mas se o ano que vem for bissexto, vai cair num sábado.*

Percebendo que o raciocínio ainda não estava completo, Patrícia perguntou à classe se isso aconteceria com os aniversários que caíssem em todos os meses do ano. Após algumas discussões, um grupo percebeu que a diferença de dois dias não acontece com quem faz anos em janeiro e fevereiro.

Comentando a importância dessa complementação, Patrícia pediu que todos a incorporassem a suas conclusões.

Prevendo que essa discussão sobre as formas de medir o tempo ia gerar grande curiosidade na classe, a professora integrou o tema no trabalho com as outras áreas, orientando pesquisas sobre a maneira como outros povos, ou em outras épocas, medem ou mediam o tempo.

Interpretando o problema, vencendo obstáculos

Em uma situação-problema, o obstáculo a ser transposto é um patamar para o desenvolvimento do raciocínio. Para que os alunos não se desestimulem diante do obstáculo, é importante transmitir-lhes algumas idéias que podem influenciar significativamente seu desempenho:

- há problemas que não podem ser resolvidos pela simples aplicação de uma fórmula, operação ou outro procedimento mecânico;
- há problemas que se resolvem rapidamente, enquanto outros tomam mais tempo;
- há problemas que podem ser resolvidos de várias maneiras diferentes.

Faz parte da resolução do problema captar as relações que existem entre as informações disponíveis e a pergunta, para decidir que as ações devem ser realizadas. Além disso, é importante comprovar e validar a resposta. O professor pode orientar, propondo questões do tipo: "Como é possível comprovar o resultado obtido? É possível chegar a esse resultado de outra maneira?"

A compreensão do problema é fundamental para sua resolução. Muito freqüentemente, após lerem o enunciado de um problema, os alunos tentam resolvê-lo através da evocação da memória-identificação imediata e instantânea de um procedimento de solução previamente aprendido, como fazer a conta, aplicar a fórmula, montar a equação. Quando esse dispositivo falha, o aluno chuta a resposta ("É de mais? É de vezes?") ou abandona o problema, manifestando desinteresse. No trabalho com resolução de problemas, o professor orienta permanentemente os alunos no sentido de interpretar o problema.

Interpretar o problema implica identificar as informações, reconhecer o significado de cada uma delas, discernindo se todas são pertinentes e se todas aquelas que são necessárias para solucionar o problema estão contidas no enunciado. Compreender o problema é um parte intrínseca do processo de resolução. Supõe um trabalho de observação e de análise do enunciado. Esse trabalho deve ser provocado e mantido pelo professor através de questionamentos, até que os alunos tenham interiorizado a idéia de que para interpretar bem um problema é importante dialogar com o enunciado.

Nesse sentido, quando os alunos trabalham em pequenos grupos, podem mais facilmente dialogar com o enunciado, assim como com a diversidade de caminhos para a mesma solução.

Trabalhando com medidas, em grupo

No planejamento elaborado para o bimestre, a professora

previra também um trabalho de verificação das noções de medidas de comprimento e massa, com as quais os alunos já haviam entrado em contato nas séries anteriores. A partir dessa verificação, Patrícia pretendia familiarizá-los mais com os sistemas de medida e suas relações com o sistema de numeração decimal.

A medida é resultado de uma comparação entre grandezas de mesma espécie. As experiências iniciais com medidas devem conduzir à idéia de que medir é estabelecer um comparação. Para realizar uma medição, escolhe-se uma unidade de medida de mesma natureza da grandeza que se quer medir, e verifica-se quantas unidades cabem. A medida é sempre expressa através de um número. Por exemplo, podemos medir o comprimento da carteira com o comprimento do palmo. Afirmar que o comprimento da carteira é de três palmos significa que o número 3 representa o número de vezes que o palmo cabe em uma das dimensões da carteira.

Fazendo experiências com unidades de medida não padronizadas, os alunos podem realizar estimativas e provavelmente concluirão que, quanto maior é a unidade, menor é o número que representa a medida, e vice-versa. Mas é preciso lembrar que somente grandezas da mesma espécie podem ser comparadas.

Aproveitando uma idéia surgida durante uma atividade em que os alunos tinham traçado caminhos abertos e fechados, a professora preparou uma nova situação-problema, apresentando um cartaz que mobilizou a atenção de todos.

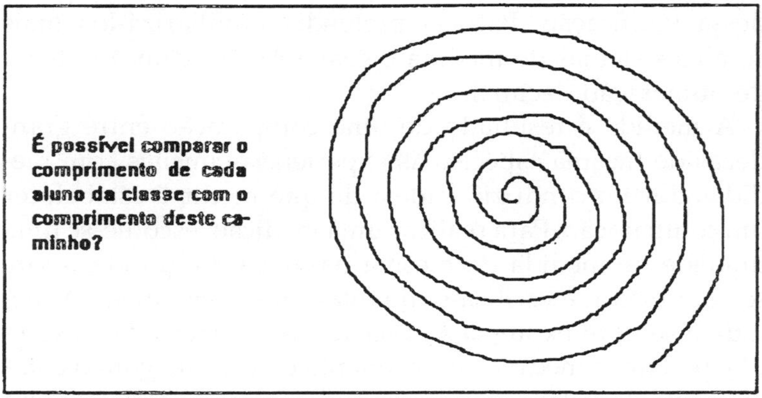

É possível comparar o comprimento de cada aluno da classe com o comprimento deste caminho?

A primeira resposta unânime da classe foi que não era possível, pois a figura era toda com curvas e não dava para medir com a régua. Incentivando-os a continuarem buscando uma solução, propôs que pensassem em alguma outra coisa que pudesse ser usada para medir a figura.

Orientando a discussão coletiva, fez com que os alunos fossem analisando cada idéia sugerida. Por exemplo, quando alguém mencionou que deveriam recortar a figura e tentar esticá-la, sugeriu que tentassem — e logo perceberam que o papel se rasgava. Outra sugestão foi a de usar alguma coisa para cobrir a figura, e logo surgiu a idéia de usar um barbante. Novamente incentivados, os alunos perceberam que, recobrindo o caminho com barbante ou linha obteriam uma medida que poderia ser comparada à altura de cada um deles.

A solução encontrada evidenciava que eles estavam compreendendo o fato de que a medida envolve comparação de grandezas da mesma espécie. A partir daí foi possível fazer diversas medições e explorar as relações entre as unidades de medida centímetros, metros e quilômetros

Para verificar os conhecimentos da classe sobre medidas de massa, Patrícia foi buscar na vivência do cotidiano um situação desencadeadora de análise e discussão. A situação que planejou permitia ainda explorar a idéia da média aritmética, freqüentemente utilizada em situações práticas envolvendo outras medidas, como velocidade média, tempo médio, temperatura média...

Iniciando uma outra aula, Patrícia escreveu no quadro:

CAPACIDADE MÁXIMA
420 kg
6 pessoas

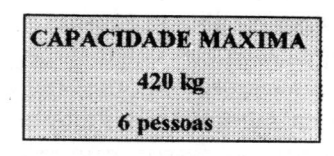

Em seguida propôs duas questões:

— Vocês já viram avisos semelhantes a esse?

— Em que locais eles costumam aparecer e o que significam?

Muitos lembraram dos elevadores e disseram que era para controlar o peso. Outros lembraram de avisos que existem nos barcos, balsas, caminhões e ônibus, que indicam a lotação de pessoas ou o total da carga a ser transportada.

Continuando a explorar a situação, ela indagou se eles tinham idéia do motivo pelo qual, nesse aviso, são colocadas as duas informações:

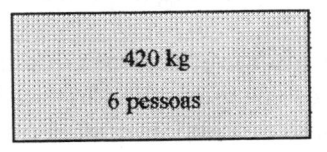

420 kg
6 pessoas

Várias respostas esclareciam que, se o elevador ou veículo estivesse carregando pessoas, o limite máximo era de seis pessoas; mas, se estivesse carregando carga, então o máximo era de 420 kg.

Ao longo da discussão, Patrícia foi fazendo perguntas para perceberem que o máximo de peso que o elevador agüenta é um só, até certificar-se de que todos perceberam a correspondência entre o total de quilogramas e o total de pessoas, perguntando em seguida quanto será que pesa uma pessoa. Às respostas de que cada uma tem peso diferente, vários alunos retrucaram usando expressões como mais ou menos, gente grande pesa mais, os adultos têm mais ou menos o mesmo peso. Alguns fizeram a conta, dizendo que cada pessoa pesa cerca de 70 quilos, ao que outros retrucaram com exemplos como "meu pai pesa muito mais, minha mãe pesa menos". Novamente, com mais perguntas (Como será que a pessoa que pôs o anúncio no elevador resolveu que cada pessoa pesa 70 quilos?), a professora conseguiu que os alunos apreendessem a noção de média. Tendo a classe chegado à conclusão de que uma pessoa adulta pesa em média 70 kg, alguns alunos perguntaram" como é que descobriram isso". Patrícia propôs-lhe, então, nova situação-problema: descobrir o peso médio da classe.

Orientando para que trabalhassem em pequenos grupos, lembrou que o peso de cada um constava das informações do mural (onde cada aluno havia inscrito as informações sobre si próprio). Como alguns não sabiam por onde começar, continuou a fazer perguntas para orientá-los: "O que é preciso saber, em primeiro lugar, para começar a resolver esse problema?"

Em um grupo, os alunos afirmaram que iriam fazer uma lista com todos os pesos e que, olhando essa lista, poderiam saber mais ou menos, de cabeça, qual seria o peso médio.

Embora afirmando que essa era uma resposta válida, a professora incentivou-os a pensar numa maneira de obter uma resposta exata — ou isso não seria possível?

Observando o trabalho de outro grupo, ela perguntou:

— Por que vocês estão fazendo esta grande soma dos pesos?

— O que vocês pretendem fazer depois? Como vão chegar ao resultado?

Discutindo com cada grupo os procedimentos empregados, em pouco tempo todos perceberam que, para resolver o problema, era preciso primeiro somar todos os pesos e depois dividir o total pelo número de alunos da classe. Alguns tinham montado uma tabela com os pesos, outros fizeram diretamente a soma conferindo o total obtido. Na execução da segunda etapa, porém, surgiu outro obstáculo: como a divisão não era exata, os alunos não sabiam o que fazer com o resto.

Um grupo já estava colocando no quadro sua tabela e o cálculo feito:

No.	Nome	Peso (Kg)
1	André	42
2	Camila	31
...	...	...
30	Sandra	43
	Total	**1215**

$$\begin{array}{r|l} 1215 & 30 \\ \hline -1200 & 40 \\ \hline 15 & \end{array}$$

Indagando qual era o significado do número 15 e o que devia ser feito com ele, a professora obteve como resposta que eram 15 quilogramas e que não dava mais para dividi-los por 30. Continuando, perguntou se não seria possível representar 15 quilogramas de outra forma, relembrando e reconstruindo com a classe o quadro das unidades de medida de massa:

kg	hg	dag	g	dg	cg	mg

Explorando a regra de construção desse quadro (cada unidade de medida vale dez vezes mais do que a que está à sua direita e dez vezes menos do que a que está à sua esquerda), a professora levou a classe a perceber que era possível transformar 15 quilogramas em gramas e proceder a nova divisão, e que esse novo resultado seria somado aos 40 kg já encontrados.

O registro de um dos grupos foi copiado no quadro:

1 quilograma é igual a 1000 gramas
15 x 1000 = 15 000
15 000 ÷ 30 = 500

Com o objetivo de fixar as relações entre as unidades de medida e a idéia de média aritmética, Patrícia propôs que calculassem a altura média da classe.

Nas demais áreas curriculares, a professora orientou paralelamente atividades correlatadas, que incluíram a pesquisa de outras unidades de medida de comprimento e massa, usadas por nós e em outros países.

Resolver problemas em pequenos grupos

Propondo que os alunos resolvam problemas em pequenos grupos, proporciona-se a oportunidade para discussões sobe a escolha de caminhos plausíveis. Quando o aluno trabalha sozinho, a primeira idéia que ele tem é a que prevalece. Quando surgem várias idéias, é preciso discutir sobre seus méritos, justificá-las. No trabalho em pequenos grupos, a ênfase recai na comparação entre diferentes pontos de vista e, portanto, na tomada de decisão pelos alunos. Para alimentar esse trabalho, três questões básicas podem ser formuladas ao grupo: "O que exatamente vocês estão fazendo? Por que vocês estão fazendo isso? Como isso está contribuindo para chegarem a uma solução?"

Na construção das idéias, os alunos sempre tendem a beneficiar-se da interação com os colegas e também, e muito, com o professor. Este não é apenas o provedor de informações e sugestões, embora isso possa ser feito se a situação assim o exigir; mas sua função central é orientar o trabalho dos alunos de uma maneira criativa, através de perguntas estruturadoras. Seu papel é, pois, o de mediar as discussões entre eles, intervindo oportunamente, refletindo sua função de mediador entre o aluno e o conhecimento.

Obter, organizar, interpretar informações

Com o objetivo de trabalhar com a classe a construção de diversas formas de registrar informações — como diagramas, tabelas e gráficos —, Patrícia propôs à classe uma atividade que chamou de *A árvore genealógica.* A tarefa inicial consistiu na elaboração conjunta de um roteiro com perguntas para que os alunos entrevistassem seus familiares. Essas perguntas eram referentes à história de vida de seus pais, avós e bisavós: se eram brasileiros ou estrangeiros, onde haviam nascido, por que e quando imigraram...

No dia marcado para que apresentassem os resultados

da pesquisa, ela sugeriu que contassem um pouco sobre suas histórias. Essa conversa revelou curiosidades e fatos interessantes sobre a origem de cada um. Continuando, propôs que organizassem suas árvores genealógicas, até a geração dos bisavós, com o nome e a nacionalidade de cada um. Percebendo que não sabiam como fazer essa representação, foi solicitando a um aluno os nomes e a respectiva nacionalidade, construindo, no quadro, o seguinte diagrama, enquanto ia lembrando o grau de parentesco:

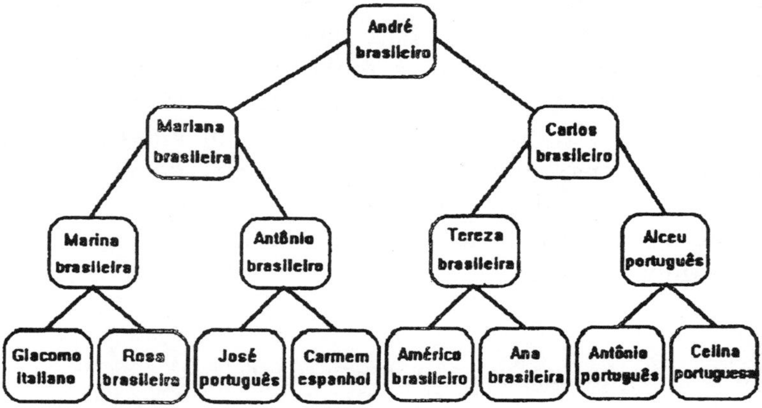

Certificando-se de que todos haviam compreendido essa representação, ela pediu que cada um construísse seu próprio diagrama. Em seguida, pediu que formassem grupos para representar numa tabela as nacionalidades de todos os antepassados dos alunos do grupo, aproveitando para introduzir o termo correto, ascendente.

Passeando pelos grupos, foi possível verificar que todos acabaram por construir tabelas com uma coluna para seus nomes e colunas para cada nacionalidade que aparecia:

Aluno	Ascendência					
	brasileira	portuguesa	italiana	alemã	japonesa	espanhola
Alexandre	6	1	1	6		
Alice	4				10	
André	8	4	1			1
⋮	⋮	⋮	⋮	⋮	⋮	⋮
Total	36	10	7	6	10	1

A intenção da professora era ensiná-los a construir um gráfico, para que pudessem visualizar melhor os dados da tabela. Os gráficos aparecem com muita freqüência nos jornais, revistas e panfletos em circulação. Eles indicam aumento de preços, salários, resultados de eleições e muitos outros fatos que acontecem no dia-a-dia. Ler e interpretar os dados apresentados em um gráfico exige observação, comparação e análise. Por isso, além de ser fonte de informações, o trabalho com gráficos possibilita o desenvolvimento de habilidades fundamentais para o pensamento.

Para iniciar o trabalho, Patrícia escolheu o gráfico de barras, de mais fácil leitura. Os alunos puderam folhear revistas e jornais, reconhecendo diversos gráficos e, no gráfico de barras, sob orientação da professora, aprenderam a reconhecer os eixos. Tendo distribuído folhas de papel quadriculado e orientando os grupos através de desenhos no quadro, instruiu-os a traçar os eixos, combinando marcar as nacionalidades no eixo horizontal; no eixo vertical, reproduziram uma reta numérica, para marcar os totais de cada nacionalidade presente. Para decidir os intervalos da numeração da reta, cada grupo examinou primeiro qual era o maior total que tinham em suas tabelas, decidindo-se finalmente por intervalos de cinco em cinco, até cinqüenta (nesse trabalho, os alunos perceberam que cada um, no pedaço da árvore genealógica que tinham montado, tinha catorze antepassados; como cada grupo tinha de cinco a seis alunos, onde a ascendência mais comum era a brasileira, o total da respectiva coluna chegou a quase cinqüenta, em um dos grupos).

Aos poucos, cada grupo montou seu gráfico de barras. O do grupo do André ficou assim:

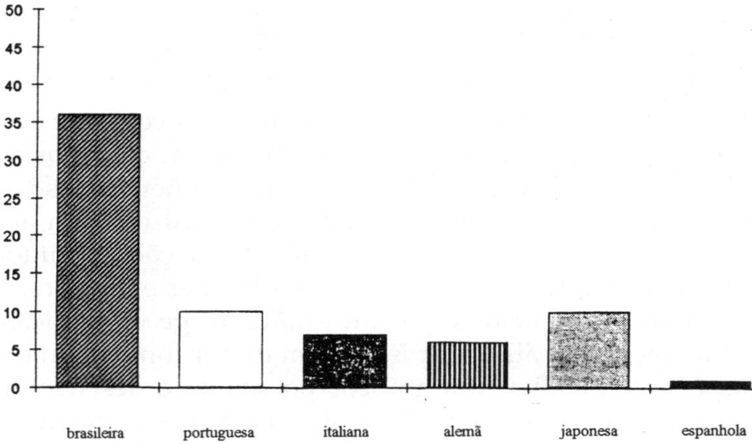

Em seguida, orientados pela professora, os alunos puseram-se a formular perguntas que pudessem ser respondidas a partir da leitura do gráfico, passando depois a comparar os gráficos dos diversos grupos. As questões foram do tipo: "Qual a nacionalidade estrangeira que mais tem no nosso grupo? E a que menos tem? No nosso grupo, há mais ascendentes alemães ou italianos?"

A comparação dos dados entre os grupos suscitou a curiosidade de montar um gráfico da ascendência do conjunto da classe, o que permitiu verificar as nacionalidades predominantes, em animada discussão.

Continuando esse estudo, uma das incumbências que os alunos receberam foi a de pesquisar em revistas e jornais e trazer para a classe gráficos e tabelas para serem interpretados. Além do trabalho com as representações gráficas (diagrama, tabela e gráfico), essa atividade proporcionou outros estudos; um maior conhecimento da origem dos alunos, a localização de países no mapa-múndi, a discussão da questão da imigração, entre outros. Naturalmente, dependendo das características regionais, esta atividade pode ser explorada considerando os estados de origem dos ascendentes, o que pode propiciar interessante discussão sobre a migração interna no Brasil.

Para além das quatro operações

Entretanto, os dados obtidos com a construção das árvores genealógicas não se esgotaram. Com o objetivo de ensinar os alunos a decodificar informações através de um tratamento matemático, Patrícia propôs organizarem nova tabela, dessa vez registrando o número de pais, avós e bisavós de cada um, introduzindo a noção de geração.

Alunos da Classe	No. de pais	No. de avós	No. de bisavós
Paulo	2	4	8
Mariana	2	4	8
Adriana	2	4	8
⋮	⋮	⋮	⋮

Orientando-os para que trabalhassem individualmente, apresentou-lhes as seguintes questões:

- Qual é o total de pessoas envolvidas nessas gerações?
- Qual é o total de mulheres em todas essas gerações?

Conduzindo a discussão coletiva, começou a ajudá-los a analisar o primeiro problema, fazendo-os reconhecer "Quantas gerações de pessoas estão representadas nessa tabela?", muitos afirmaram que eram três: pais, avós, bisavós, até que alguns perceberam que a coluna dos nomes dos alunos representava outra geração de pessoas e que, para solucionar o problema, era necessário somar todos os totais, inclusive os da primeira coluna.

Os alunos acrescentaram, então, mais uma linha à tabela:

Total	30	60	120	240

e procederam à soma (30 + 60 + 120 + 240 = 450).

Para analisar a segunda situação, Patrícia perguntou:

— Há, na tabela, uma coluna em que as mulheres estão representadas?

Enquanto muitos responderam que não, outros argumentaram que estão e não estão, porque os pais inclui a mãe também, os avós, a avó etc. Assim, perceberam que, na coluna pais, o número 2 representa um casal, na coluna avós o 4 representa dois casais e, na coluna bisavós, o 8 representa quatro casais, ou seja, sempre a metade é de mulheres.

A partir dessa descoberta, os alunos, agora em grupos, passaram a calcular a solução. Em um dos grupos, começaram a construir outra tabela, registrando apenas o número de mulheres:

Alunos da Classe	no. de mães	no. de avós	no. de bisavós
Paulo	1	2	4
Mariana	1	2	4
Adriana	1	2	4
⋮	⋮	⋮	⋮
Total	30	60	120

Outros preferiam calcular o número de mulheres dividindo por 2 a soma dos totais anteriormente obtida (450). Quando o grupo da tabela acima anunciou o total de 210

(30 + 60 + 120), enquanto outro falava em 225 (450/2), um terceiro grupo (não por acaso formado só por meninas) apresentou um total diferente: 229. A professora estimulou-as então a explicar como chegaram a esse resultado, ao mesmo tempo que os demais grupos iam percebendo as falhas em seu processo de solução. No primeiro grupo, tinham se esquecido de incluir o total de meninas da coluna de alunos da classe; quanto ao segundo grupo, a resposta veio das meninas. Elas explicaram que não vale dividir o totalzão por dois, só dá para dividir por dois os totais das colunas dos pais, avós e bisavós, porque aqui na classe não tem metade de meninas. Então, dividindo as outras colunas por dois (deu 210), mais as 19 meninas da classe, dá o total de 229.

Depois que todos os grupos concordaram e registraram as soluções corretas por escrito, Patrícia lançou um desafio final: Quantos tataravós tem uma pessoa?

Para responder a essa questão, os alunos recorreram seja a seus diagramas, seja a uma nova tabela:

Pais	2
Avós	2 + 2
Bisavós	2 + 2 + 2 + 2
Tataravós	2 + 2 + 2 + 2 + 2 + 2 + 2 + 2

Reproduzindo esse registro no quadro, a professora perguntou se não havia uma outra escrita matemática para essas expressões, uma forma mais econômica, fazendo com que surgisse uma forma de cálculo mais sofisticada:

Pais	2
Avós	2 × 2
Bisavós	2 × 2 × 2
Tataravós	2 × 2 × 2 × 2

Analisando os procedimentos de solução e procurando justificá-la, os alunos chegaram a justificativas bastantes convincentes, explicando que, ao passar de uma geração para outra, o número dobrava. Estavam descobrindo uma regularidade que os aproximava de um novo conceito matemático: a potenciação. Não era seu objetivo formalizá-lo nesta série, porém Patrícia ficou convencida de que eles estavam bem preparados para aprendê-lo, no próximo ano.

Ao final de seis semanas, a professora sentiu-se realizada com o trabalho desenvolvido, e considerou que havia avançado no sentido de mostrar aos alunos a Matemática como forma de comunicação, como instrumento de interpretação da realidade.

Resumindo o que observara durante esse tempo, Patrícia identificou estes pontos fundamentais no trabalho com resolução de problemas.

. compreender o problema e interpretá-lo: identificar as informações, conferir-lhes significado, analisar bem a pergunta;

. conceder um plano de solução: captar as relações que existem entre as informações e a pergunta, planejar as fases do processo de solução, identificar as ações que devem ser realizadas, escolher estratégias;

. executar o plano através das estratégias escolhidas, concretizá-lo em ações;

. verificar, comprovar e validar a resposta (Como é possível comprovar o resultado obtido? Pode-se obtê-lo de outra forma?). Solicitar justificativas para os alunos faz com que eles retomem todo o processo, descobrindo eventuais erros cometidos no percurso;

. comunicar a solução verbalmente e por escrito. O esforço que os alunos empreendem para a comunicação é fundamental para alcançar maior clareza de idéias, além de possibilitar que elas sejam compartilhadas com outros.

Sentiu-se, pois encorajada a continuar nesta linha de trabalho com as crianças. Tinha pela frente agora o planejamento dos restantes bimestres letivos, tarefa que sem dúvida valeria a pena, tendo em vista os resultados obtidos e o crescimento e interesse dos alunos.

A importância do conhecimento geométrico

> *A Geometria é a apreensão do espaço... esse espaço em que vive, respira e se move a criança. O espaço que a criança deve aprender a conhecer, explorar, conquistar, para poder viver, respirar e mover-se melhor.*
>
> Freudenthal, 1973

Embora presente nos currículos de Matemática, o ensino da Geometria, de modo geral, não é abordado pelos professores com a mesma importância dada ao ensino da aritmética e da álgebra.

No entanto, aprender Geometria é realmente importante: através dela desenvolve-se um tipo especial de pensamento que permite compreender, descrever e representar, de forma organizada, o mundo em que vivemos. Aprender Geometria supõe investigação, exploração de objetos do mundo físico, incluindo obras artísticas como pinturas, desenhos, esculturas, artesanato. No currículo escolar, a Geometria mantém estreitas conexões com outra áreas de conhecimento que também desenvolvem o sentido espacial, como a Educação Física, a Geometria ou a Educação Artística, propiciando interessantes oportunidades de integração.

Através da observação, experimentação, exploração e investigação do espaço, o aluno desenvolve a capacidade de perceber, visualizar, reconhecer formas, representá-las através de desenho, construí-las, identificar propriedades e, continuando por esse caminho, construir suas definições e abstraí-las. Essas habilidades são a base para a construção das relações espaciais que caracterizam o pensamento geométrico, ferramenta essencial para interpretar, compreender e apreciar o nosso mundo, que é essencialmente geométrico.

Ao trabalhar com Geometria em sala de aula, os professores percebem que é um campo pelo qual os alunos se interessam de modo natural e espontâneo: as explorações geométricas despertam interesse e são motivadoras. Além disso, as crianças que possuem um sentido do espaço e dominam noções geométricas estão mais preparadas para aprender noções relativas a números e medidas, assim como para outros temas matemáticos mais avançados, por já terem reconhecido e organizado algumas relações lógicas: observação de atributos, identificação de proporções, estabelecimento de critérios de classificação etc. E, sobretudo, os professores percebem que a Geometria é um campo fértil para trabalhar com situações-problema.

Novamente, apresentamos a seguir relatos da experiência de uma professora no trabalho com Geometria em sua turma de quinta série, na linha da resolução de problemas.

A geometria e o lugar onde vivemos

Como grande parte dos professores, Cláudia sempre acabava privilegiando os números em seu planejamento, deixando os temas geométricos em segundo plano. Em um curso de capacitação, começou a perceber a importância da Geometria para que seus alunos pudessem apreciar e valorizar as formas no mundo ao seu redor, desenvolver a percepção espacial, relacionar idéias geométricas com idéias numéricas e com medições... A Geometria nos ajuda a representar e a descrever, de forma organizada, o mundo em que vivemos: foi uma das idéias que apreendeu durante o curso.

Mas como levar essa idéia para a sala de aula? Pensou que o tema "O lugar onde vivemos" poderia interessar aos alunos e começou a conversar com eles sobre o assunto. Juntos, lembraram que muitos poetas, compositores, pintores, artistas plásticos têm, cada qual a sua maneira, descrito seu lugar de vivência. E uma pequena pesquisa foi feita no sentido de resgatar essas demonstrações, na música popular.

A minha casa fica lá
detrás do mundo
onde eu vou em um segundo...
A porta do barraco era sem trinco
e a lua, furando nosso zinco,
salpicava de estrelas nosso chão...
São casas simples, com cadeiras na calçada,
e na fachada
escrito em cima que é um lar...

Depois disso, Cláudia propôs aos alunos que descrevessem e representassem o lugar em que vivem. Eles formaram grupos para elaborar um texto (em poesia ou prosa) e usaram caixinhas de embalagens diversas e outros materiais de sucata para montar uma maquete representando sua localidade.

Paralelamente, Cláudia havia combinado o desenvolvimento conjunto desta atividade com a professora de Educação Artística, cabendo a esta trabalhar com os alunos, entre outras, as noções e representações em perspectiva.

No dia em que os trabalhos ficaram prontos, os grupos trocaram as maquetes e a professora pediu que cada aluno fizesse um desenho da maquete que coube a seu grupo. A atividade gerou bastante discussão sobre a forma de representação, ainda mais que a perspectiva de cada aluno variava conforme sua posição em relação à maquete, resultando em desenhos diferentes.

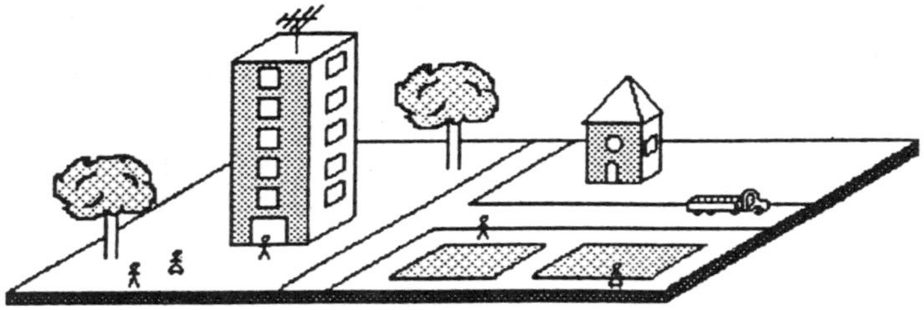

A partir desse trabalho, Cláudia passou a discutir com a classe questões como:

— Quais as diferenças e as semelhanças entre uma maquete e um desenho?

— Na maquete, há alguma forma que aparece mais? E nos desenhos?

— Alguém imagina o que seja uma figura tridimensional? E uma bidimensional?

Um aluno foi logo dizendo que, na maquete, ele podia observar as figuras por inteiro (menos a parte de baixo, comentou outro), e já no desenho a gente vê só uma parte, enxerga a figura de um determinado ponto de vista. Uma das observações feitas foi a de que, nas maquetes, predominava a forma de caixa, formato mais comum das caixinhas de embalagem em geral, dos prédios, dos ônibus etc. Comentaram também que a maquete dava uma idéia melhor do que estava sendo representado do que o desenho.

Ninguém se arriscou a dizer o que seriam figuras tridimensionais ou bidimensionais. Mesmo assim, nas conversas, Cláudia pôde observar que as crianças se interessam muito pelas discussões geométricas e revelavam uma capacidade espacial maior do que ela poderia supor. Estava ali uma forte motivação para criar um interesse pela Matemática.

Como planejara, começou por explorar as características dos paralelepípedos — nome "oficial" das caixinhas. Aproveitando embalagens que sobraram da confecção das maquetes, propôs que os alunos desmontassem algumas, observando bem as formas que iam encontrar.

"Todas as partes são retangulares e, duas a duas, são iguaizinhas." Orientando-os com perguntas sobre o número e a forma das partes, a professora sugeriu que pintassem as partes iguais e remontassem as caixas ("Essas iguais são aquelas que não se tocam, quando a caixa é novamente montada."), redigindo em seguida um pequeno relatório sobre os paralelepípedos.

Em outro dia, a professora distribuiu os alunos em grupos, entregando a cada um um conjunto de moldes de diversos sólidos (pirâmides e prismas de bases diferentes, cilindro e cone) para serem reproduzidos em folhas de cartolina, recortados e montados. Naturalmente, não informou os nomes dos sólidos. Apenas pediu que, antes da montagem, eles desenhassem as figuras que seriam obtidas, ou seja, do modo como imaginavam que elas ficariam depois de montadas.

Cláudia sabia que, para desenvolver a percepção espacial, é importante estimular as crianças a visualizar, a desenhar, a comparar figuras em situações diversas: montadas, desmontadas, de frente, de perfil etc...

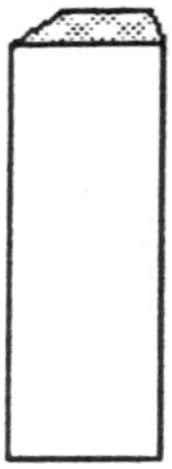 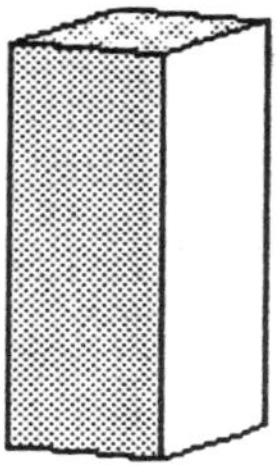 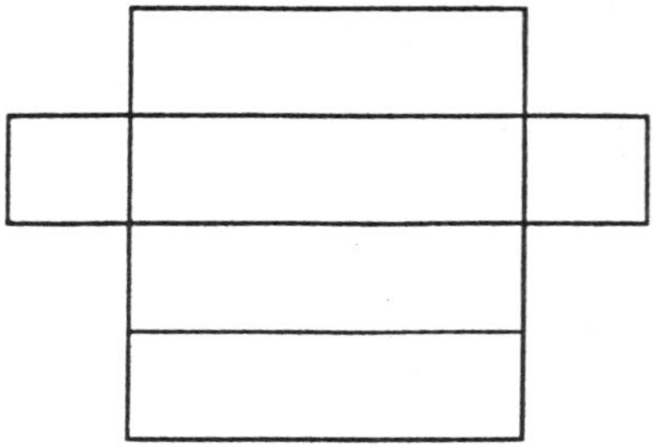

Após a montagem, as crianças passaram a observar as características das figuras obtidas, comentando os desenhos que haviam feito antes, destacando semelhanças e diferenças entre as diversas figuras.

Uma das observações foi a de que estas duas figuras têm parte de sua superfície arredondada, o que lhes permite rolar:

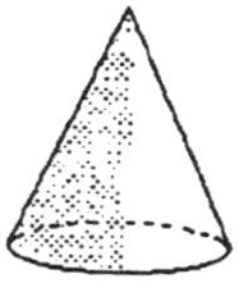 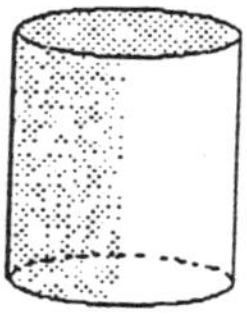

Cláudia forneceu-lhes então mais material, pedindo que construíssem essas figuras arredondadas em massa de modelar ou em sabão em pedra. Solicitou também que modelassem esferas ("nome geométrico" da bola).

Depois, levou-os a fazer cortes nas figuras e a observar o que acontecia. Todos perceberam que, na esfera, qualquer corte era circular.

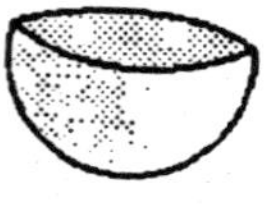 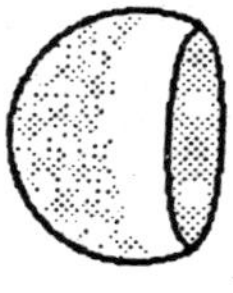

Cláudia perguntou se isso acontecia também para o cilindro e o cone.

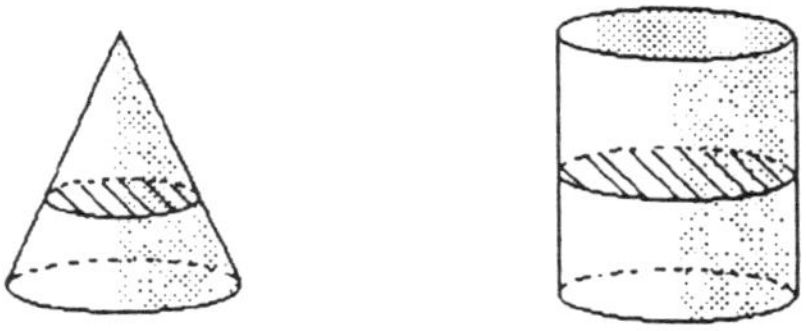

Os alunos perceberam que, fazendo cortes paralelos à base, tanto no cilindro como no cone obtêm-se sempre figuras circulares, mas fazendo cortes "tortos" (inclinados em relação à base), isso não acontecia.

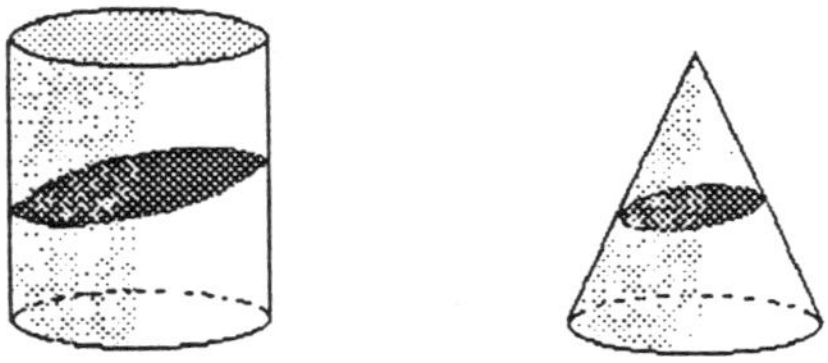

Cláudia foi introduzindo a nomenclatura (sólido, cone, cilindro, esfera) à medida que esta ia facilitando a comunicação. Para ela, estava claro que, mesmo sendo importante certa familiaridade com a linguagem geométrica, isto não deveria ser o centro de atenção do trabalho com Geometria, mas deveria surgir de modo natural, a partir da exploração e da experiência.

Para completar, informou que essas figuras fazem parte de um grupo chamado "corpos redondos" e solicitou que procurassem exemplos de outros, que poderiam ser incluídos nesse grupo. Logo apareceu a sugestão: o ovo!

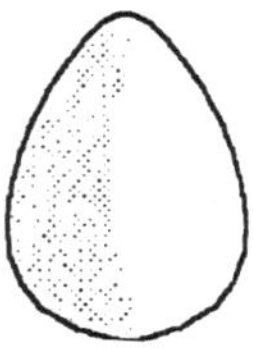

Ao longo de todo o trabalho, os alunos foram estimulados a estabelecer relações entre as figuras e objetos do mundo à sua volta, sempre redigindo pequenos relatórios ao final. Nas aulas seguintes, o trabalho prosseguiu com as demais figuras que haviam sido montadas.

O trabalho com os prismas e as pirâmides começou, como sempre, pela observação cuidadosa. Os alunos perceberam que, no primeiro grupo de figuras, todas tinham "um bico" e que, nas laterais, todas as "partes" eram triangulares. Sugerindo que "rolassem" as figuras, apoiando-as em diversas posições, a professora levou-os a perceber os demais bicos, introduzindo os termos vértice e base.

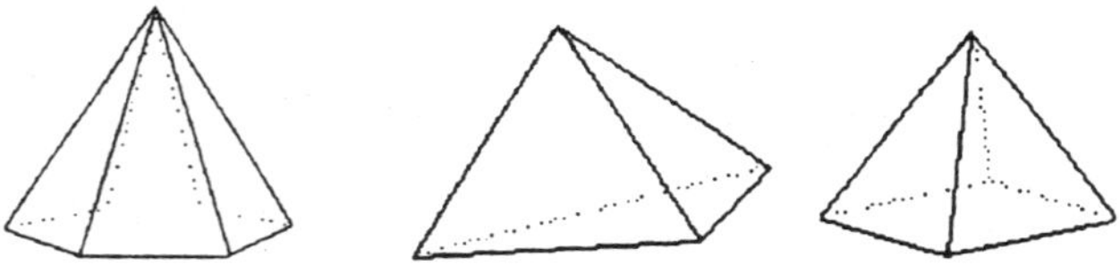

Pelos comentários sobre as outras figuras, deu para ver que os alunos notaram que todas tinham duas partes idênticas ou bases, e que as partes laterais tinham sempre quatro lados.

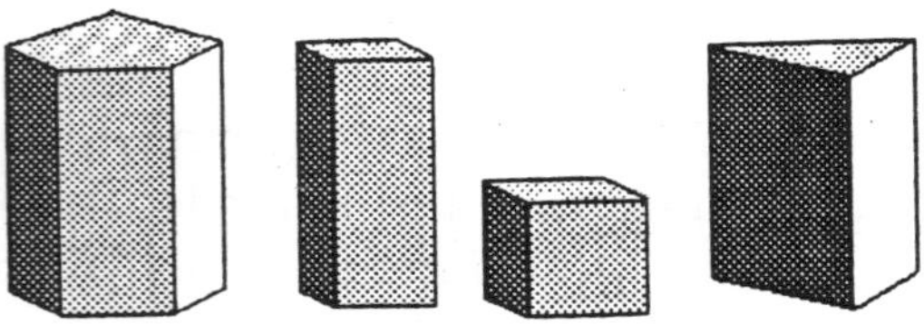

Cláudia foi aos poucos acrescentando informações: as figuras do primeiro grupo são denominadas pirâmides, as do segundo prisma. Também chamou a atenção para o fato de algumas dessas figuras terem nomes especiais, como o paralelepípedo e o cubo. Cada grupo montou um cartaz sobre um prisma e uma pirâmide, contendo um desenho e o registro de suas características.

O nome "pirâmide" provocou muitas perguntas, todos queriam saber se tinha algo a ver com as pirâmides do Egito. Cláudia teve de prometer que reservaria uma aula para tratarem melhor desse assunto. Em contrapartida, pediu que trouxessem, para a aula seguinte, listas ou desenhos de objetos ou construções do lugar em que vivem que lembrassem as formas estudadas.

Estes foram alguns dos apresentados pela classe:

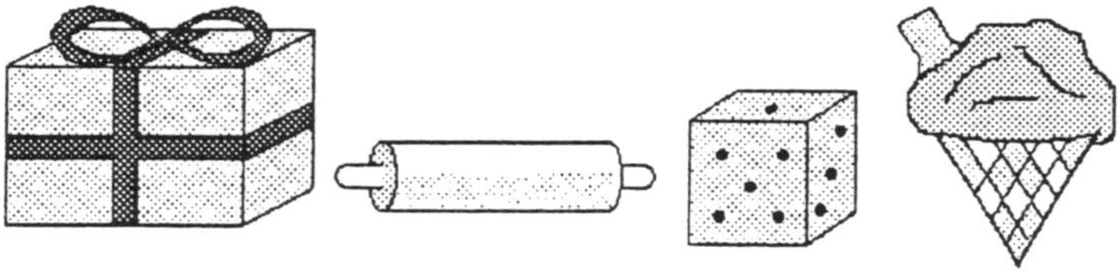

Após a exibição e comentário dos desenhos e das listas, na aula seguinte Cláudia distribuiu novos moldes (de poliedros com faces triangulares) e pediu aos alunos, em grupos, que os montassem em cartolina.

Depois, propôs à classe a observação e descrição das figuras, lançando para discussão a questão:

— Algum dos sólidos pode ser considerado um prisma ou uma pirâmide? Por quê?

Com apoio nos cartazes que haviam montado, os alunos discutiram entre si, concluindo que tanto a figura composta de oito triângulos que parecia um balão quanto a de vinte triângulos que parecia uma bolinha não eram prismas, porque os prismas tinham as partes laterais com quatro lados.

Alguns comentaram que, no balão, parecia haver duas pirâmides grudadas, mas a figura toda não era uma pirâmide. Como quisessem saber se essas figuras tinham nomes especiais, Cláudia fez as apresentações:

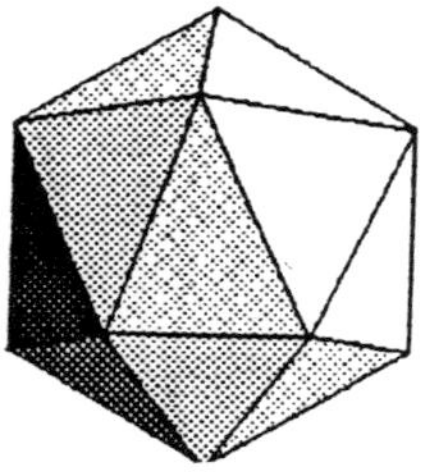

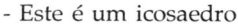

- Este é um icosaedro

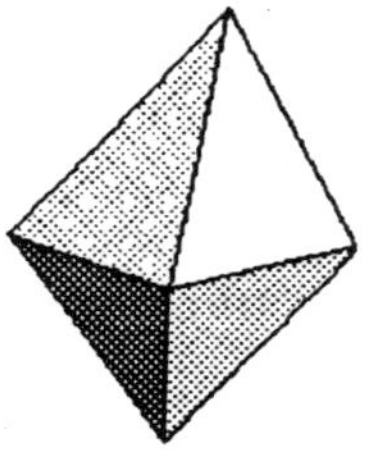

- E este, um octaedro

A tarefa de fechamento foi a organização das informações sobre as figuras. Cláudia ia escrevendo no quadro, à medida que os alunos iam falando e alguém do grupo ia registrando:

Existem figuras com superfícies arredondadas, como a esfera, o cone, o cilindro, o ovo etc. São os CORPOS REDONDOS.

Existem figuras com superfícies planas, como os prismas, as pirâmides, e outras que não são prismas nem pirâmides: são os POLIEDROS...

Estimando quanta água há na Terra...

Na exploração das figuras tridimensionais, Cláudia não tinha previsto introduzir a classe no estudo de outros poliedros, além dos de faces triangulares. E faltava ainda formalizar e sistematizar um pouco mais as informações sobre as figuras geométricas. Mas sentia na classe um gostinho de quero mais, e lembrou-se de uma figura que havia visto em um livro...

Em casa, preparou uma surpresa para a aula seguinte, desenhada em folha de papel. Propôs à classe colorir, recortar e montar a figura:

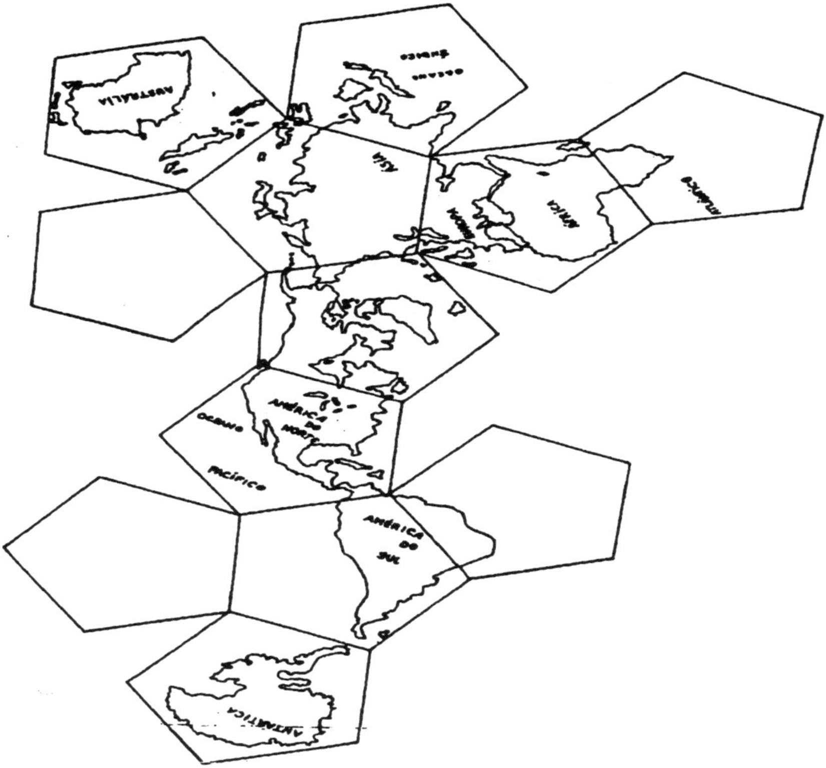

A "novidade" dessa figura, além dos desenhos nas faces, era o fato de ter não mais faces triangulares, mas pentagonais, como a base de um dos prismas que haviam montado. Após pedir que a descrevessem, perguntou o que se quis representar nessa montagem. Quase toda a classe respondeu que era Terra, mas um aluno discordou: nosso planeta é um corpo redondo, não um poliedro!

Cláudia respondeu que ele tinha razão, mas que aquilo era apenas uma representação do planeta Terra. A título de curiosidade, contou à classe que Platão, um importante matemático e filósofo grego da Antigüidade, afirmara: "Deus guiou-se pelo dodecaedro regular para decorar o universo".

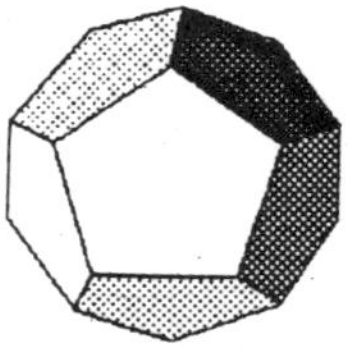

A frase suscitou comentários e todos queriam saber o significado dos termos dodecaedro (o poliedro de 12 faces), "regular" e mais informações sobre Platão, gregos etc.

Cláudia também propôs questões sobre a localização dos continentes, sobre possíveis rotas de viagem que gostariam de fazer etc.

Ela e as próprias crianças começavam a ter um ponto de vista diferente sobre a Matemática, a partir dessas atividades geométricas. Começavam a estabelecer conexões entre a Matemática, a Geografia e a História, entre as figuras geométricas e o mundo a seu redor — a Matemática passava a adquirir novo significado.

Na seqüência, Cláudia pediu que os alunos numerassem as 12 faces da figura, seguindo uma orientação precisa:

— "Na face em que está desenhado o continente antártico, vamos colocar o número 1, na face em que está a maior parte da América do Sul, vamos colocar o número 2..."

Assim, as faces foram todas numeradas, em meio as ricas discussões — e algumas confusões na hora de numerar faces que só "continham" água.

Provocando a discussão sobre a proporção de terra e água, Cláudia sugeriu que tentassem estimar a proporção de terra em cada face, registrando os valores em uma tabela.

Surgiram várias discussões. Alguns usaram frações, outros representação decimal. Havia diferenças entre os números registrados, para uma mesma face (0,4 ; 0,5). Enquanto montavam suas tabelas, Cláudia percebeu que os alunos começavam a usar termos como mais ou menos, aproximadamente, quase, evidenciando que a classe estava percebendo que a Matemática explora algo mais que a exatidão.

Eis a tabela feita por um dos grupos:

face no.	1	2	3	4	5	6	7	8	9	10	11	12
parte terrestre	0,5	0,3	0,1	0,5	0	0,5	0	0,3	0,2	0,5	0,1	0,5

Para chegarem a uma estimativa da proporção de Terra em toda a figura, os alunos foram somando os números encontrados, e o resultado, na maioria dos casos, foi próximo de 3, um pouco mais, um pouco menos e até exatamente 3.

O que significava isso? Cláudia chamou a atenção para o fato de que esse resultado, 3 ou aproximadamente 3, relativo à parte terrestre, correspondia a 3 das 12 faces do dodecaedro; juntos concluíram que a parte terrestre corresponde portanto a um quarto da superfície total.

A parte "água" corresponde, pois, a três quartos da superfície total da figura que representava o planeta — que, por isso mesmo, foi chamado pelo astronauta Yuri Gagarin de "Planeta Azul"...

E com cinco ou seis retas é fácil fazer um castelo...

Para o trabalho de sistematizar informações sobre as figuras geométricas que haviam estudado, Cláudia levou um gravador e começou por tocar, para os alunos, a conhecida canção de Toquinho e Vinícius, *Aquarela.* A partir de um dos versos, *E com cinco ou seis retas é fácil fazer um castelo...,* pediu-lhes que discutissem, em pequenos grupos, o que a canção tem a ver com Geometria.

Alguns alunos sentiram que a música mostra como o desenho permite representar qualquer coisa que imaginamos.

Um aluno lembrou que, com quatro retas, fazia um retângulo da parede e, com mais duas, formava o telhado em cima. E fez um desenho de castelo, para explicar melhor o que dizia:

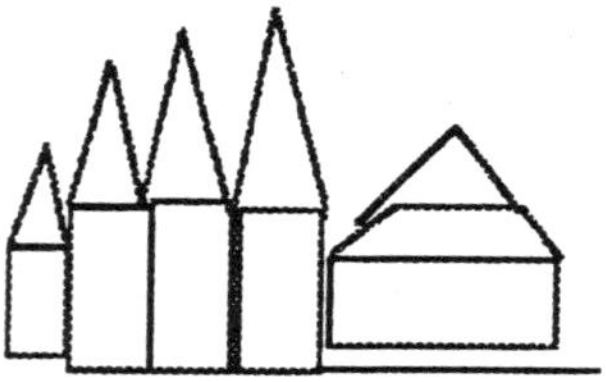

Uma aluna comentou que as cinco ou seis retas da música lembravam, para ela, os contornos da pirâmide de base quadrada. A partir dessa discussão, a professora aproveitou para relembrar conhecimentos sobre os polígonos e sistematizar as informações sobre os elementos de um poliedro, estabelecendo as relações entre ambos.

* As arestas (segmentos de reta)
* As faces (superfícies planas)
* Os vértices (pontos)

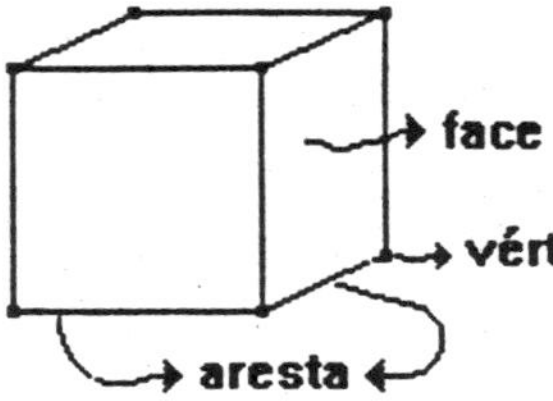

Depois, pediu aos alunos que, recorrendo às figuras que haviam montado em cartolina, contassem o número de vértices, de faces e de arestas, em cada um de seus poliedros.

Enquanto anotavam os resultados das contagens numa tabela, Cláudia ia observando que, para alguns, o conceito de poliedro era tranqüilo. Um deles, no entanto, não estabelecera distinção entre corpos redondos e poliedros, pois estava querendo contar as arestas do cone!

À medida que iam contando e anotando os números encontrados, os alunos foram fazendo descobertas. Um grupo logo anunciou a sua: nas pirâmides, o número de vértices e o de faces era igual! A professora aproveitou para fazê-lo pensar se isso valia só para aquelas pirâmides que eles haviam construído, ou para qualquer pirâmide.

A montagem das tabelas propiciou a oportunidade de fixarem os nomes das diversas figuras, pois Cláudia notou que vários alunos perguntavam a colegas "Como é mesmo o nome desse?"

Um voluntário colocou a tabela no quadro para conferirem os resultados:

	V	F	A
Cubo	8	6	12
Paralelepípedo	8	6	12
Prisma de base triangular	6	5	9
Prisma de base pentagonal	10	7	15
Pirâmide de base triangular	4	4	6
Pirâmide de base quadrada	5	5	8
Pirâmide de base hexagonal	7	7	12
Octaedro	6	8	12
Dodecaedro	20	12	30
Icosaedro	12	20	30

Alguns alunos perceberam que, no caso dos prismas e das pirâmides, o número de elementos tem relação com o tipo de polígono da base. Nos prismas, o total de vértices do sólido é sempre o dobro do número de vértices do polígono da base. Nas pirâmides, o total de vértices é igual ao número de vértices do polígono da base, mais um. Nos prismas, o número de faces é igual ao número de lados do polígono da base (faces laterais), mais dois (duas bases).

Animada com o desempenho da classe, Cláudia resolveu ousar, informando que essas relações podem ser representadas em linguagem algébrica. Falou um pouco sobre o que isso significava. Depois, lançou o desafio do preenchimento de uma nova tabela.

Se n é o número de lados do polígono da base, então podemos fazer as seguintes indicações:

	no. de vértices	no. de faces	no. de arestas
Prismas	$2n$	$n + 2$	$3n$
Pirâmides	$n + 1$	$n + 1$	$2n$

O uso de letras para generalizar a descrição dessas propriedades estava preparando esses alunos de quinta série para a aquisição do conceito de variável.

No entanto, uma relação que pode ser obtida a partir dos dados da tabela — e que vale para todos os elementos delas constantes — não foi observada espontaneamente pela classe: a chamada Relação de Euler, segundo a qual a soma do número de vértices com o número de faces é igual ao número de arestas menos dois ($V + F = A - 2$). Cláudia reservou-a para um momento futuro, em que os alunos estivessem se familiarizando com álgebra, pensando que constituiria, ao mesmo tempo, pretexto para relembrar o trabalho com prismas e pirâmides.

Conexões matemáticas

O currículo de Matemática deve incluir investigações a respeito das conexões e da interação entre diversos temas matemáticos e suas aplicações, visando a que todos os alunos sejam capazes de:

. reconhecer representações equivalentes do mesmo conceito;
. relacionar os procedimentos de uma representação com os procedimentos de outra representação equivalente;
. utilizar e valorizar as conexões entre temas matemáticos;
. utilizar e valorizar as conexões entre a Matemática e as outras disciplinas.

A professora Cláudia tentava regularmente favorecer o estabelecimento dessas conexões pelos alunos, mostrando associações possíveis dos temas que estudavam com outras áreas do conhecimento, ou mesmo a presença de elementos matemáticos no dia-a-dia. Para introduzir o estudo da simetria, aproveitou aulas de Geometria para lhes mostrar as relações entre a arte e a Matemática.

Comentou com os alunos que o uso da simetria, da perspectiva, das representações espaciais, ajudam os artistas a criar obras originais e trouxe para a classe reproduções de algumas obras de arte e fotografias de quadros e esculturas, tiradas de revistas.

Propôs à classe a leitura e discussão de um texto como o que se segue, que se complementava com algumas ilustrações retiradas de revistas e enciclopédias:

> Você sabia que a mãe-natureza, em seu esplendor, esconde curiosidades incríveis? Veja só:
>
> O sal, extraído da água do mar, visto ao microscópio, é formado de pequenos cristais em forma de cubo...

O cristal composto de flúor e cálcio tem forma de um Octaedro regular...

Flocos de neve, vistos ao microscópio, revelam formas harmoniosas...

Estrelas do mar e fatias de carambola lembram pentágonos estrelados...

Abelhas constroem favos hexagonais, num encaixe perfeito...

Espirais podem ser observadas nas cascas de caramujos...

— Com base em suas observações da natureza, que outras curiosidades você acrescentaria a essa lista?

Também o homem, às vezes inspirado na natureza, outras vezes voando nas asas da imaginação, produz um mundo de formas belíssimas, traduzido em pintura, escultura, tapeçaria, cestaria, desenho... Em todas as culturas, em todos os tempos, isso acontece.

Agora, é sua vez. Mostre sua arte, ilustrando este texto!

A atividade fez sucesso entre os alunos, que produziram desenhos muito interessantes, além de acrescentar novos elementos ao texto. Livros de Ciências, Química, Biologia e Arte foram consultados para esclarecer dúvidas e complementar as informações.

Após comentar bastante com a classe a presença da simetria tanto na arte como na natureza, Cláudia solicitou, como tarefa para casa, que pesquisassem exemplos de simetria em objetos de uso cotidiano, reparando também na assimetria ou simetria das fachadas de prédios e casas; deveriam listar os exemplos encontrados e desenhar um deles. A partir dos resultados dessa pesquisa, começou a trabalhar com eles a simetria nas figuras geométricas, introduzindo a noção de eixo de simetria.

A continuidade desse trabalho levou-os a investigar o número máximo de eixos de simetria em polígonos regulares e a generalizar algumas idéias sobre essa questão.

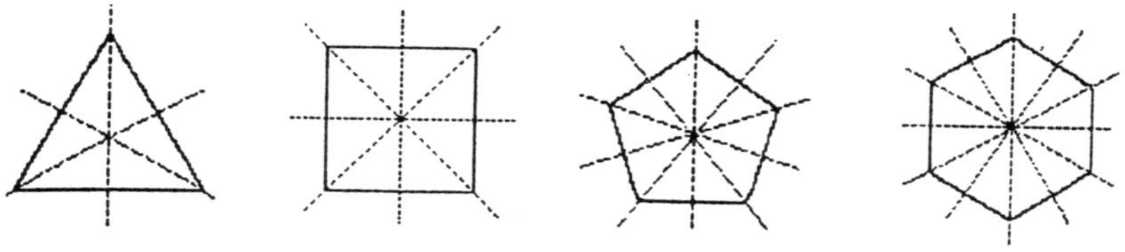

Para sistematizar as informações sobre simetria e eixos, Cláudia forneceu um roteiro com questões para orientar a elaboração de um relatório por cada grupo. O relatório de um dos grupos foi o seguinte:

"Nós achamos que os polígonos regulares que têm número par de lados têm eixos de simetria que passam bem no meio de seus lados e outros que passam pelos vértices opostos.

Os polígonos de número ímpar de lados têm eixos que passam num vértice e na metade do outro lado, mas nem sempre. O de 20 lados vai ter 20 eixos. O de 19, não sabemos. Nos polígonos irregulares deve ser tudo diferente.

Grupo: Olívia, Vítor, Alice, Cláudio"

Como avaliar a aprendizagem matemática

Professores e professoras que, como os dos exemplos acima, desenvolvem atividades buscando a construção do raciocínio matemático pelos alunos, colado a sua realidade, deparam-se com o problema de avaliar seu desempenho. O contato que mantêm com a classe permite-lhes avaliar quase instantaneamente se os conteúdos estão sendo apropriados, retomar os pontos em que há dúvidas ou mesmo propor um aprofundamento não previsto, quando as crianças manifestam interesse ou o gostinho de quero mais...

No entanto, sentem necessidade de certificar-se de que os alunos estão compreendendo o que está sendo explorado, de acompanhar os desempenhos individuais, além de precisarem formalizar essa avaliação. Os estudos sobre o tema e as reflexões de grupos de professores apontam que diversas formas de avaliação devem ser utilizadas, em momentos diferentes, dependendo do propósito para o qual os resultados serão usados.

Como fazer isso na prática? Como decidir a forma de avaliação? Principalmente, como obter indicadores para tomar decisões sobre o prosseguimento do trabalho?

O grupo de professores de uma escola começou por anotar algumas perguntas para as quais gostariam de obter respostas, a fim de construir instrumentos adequados de observação:

- *O que a classe aprendeu, com essas atividades?*
- *Eles conseguiram usar o que aprenderam em situações novas?*
- *Necessitam que alguns conceitos sejam retomados ou aprofundados?*
- *Como avaliar a participação dos grupos e de cada aluno?*

Elaboraram, para uso próprio, uma espécie de roteiro para registro das atividades desenvolvidas, indicando o campo matemático dos conteúdos mobilizados (aritmético, algébrico, geométrico, lógico), as relações que podiam estabelecer com outros campos do conhecimento, os recursos empregados, o tempo que os alunos levavam para desenvolver as atividades propostas, além de um espaço para registrar comentários sobre o desempenho da classe em geral (interesse, concentração etc.). Esses registros mostraram-se de útil consulta no preparo de outras atividades e, mais tarde, no trabalho com outras classes.

Para verificar a apropriação dos conhecimentos trabalhados, os professores continuaram a valer-se de provas escritas, como mais um elemento da avaliação — não o único. Suas provas, porém, ganharam qualidade. Não eram mais aqueles exercícios de mera cobrança de nomenclatura, de fórmulas, que exigiam muito mais memorização e mecanização do que compreensão, de fato. Eram propostas criativas e interessantes, possíveis de serem resolvidas pelos alunos durante um dado período de tempo.

No entanto, o trabalho com resolução de problemas requer acompanhar o desenvolvimento individual dos alunos, especialmente no que se refere à aquisição de posturas e atitudes. Concluíram que seria bom manter um registro das observações sobre cada aluno. Era preciso observar aspectos do processo de busca da solução e relativos aos resultados propriamente ditos, além da forma de apresentação destes.

ALUNO: COMPREENSÃO MATEMÁTICA

NOME ______________________ SÉRIE ____________

	DATA: ________		DATA: ________	
	Sim/ Não	Comentários	Sim/ Não	Comentários
1 Faz perguntas? É capaz de encontrar respostas?				
2 Procura resolver problemas de mais de uma forma? Usa estratégias criativas/ convencionais Aplica mecanicamente raciocínios anteriores Descobre novos procedimentos				
3 Chega a resultados corretos/completos				
4 Justifica a resposta obtida Comunica-se com clareza Argumenta sobre o processo empregado Seu trabalho escrito é limpo/ordenado				
5 Participa dos trabalhos em grupo? Ajuda os outros nos problemas? Argumenta sobre suas opiniões? Contesta pontos que não compreende /com que não concorda?				
6 Seu ritmo: Tem razoável agilidade Demora, mas não desperdiça tempo Demora demais, falta concentração				
Observações				

Elaboraram, então, uma ficha individual, uma primeira lista de itens para servir de roteiro de observação, ficha esta que foram aprimorando ao longo do primeiro semestre, a partir daquilo que iam percebendo, ou sentindo que era necessário, durante os sucessivos preenchimentos.

Essa ficha constituiu um instrumento útil junto aos demais instrumentos (fichas de exercícios, provas, relatórios de atividade) que já utilizavam. Vários professores passaram inclusive a discutir com cada aluno, bimensalmente, os registros na ficha. A maioria sentiu que, com ela, dispunha de mais informações sobre as atitudes de cada um frente ao conhecimento, seus progressos e eventuais retrocessos, permitindo intervenções mais adequadas em cada caso.

A experiência dos professores aqui relatada mostra um pouco das expectativas, dúvidas e idéias de todos os que vivem em sala de aula, o desafio de ensinar Matemática. O que se destaca aí é o desejo de construir novos caminhos, apoiados em uma adequada fundamentação teórica e um planejamento consistente e cuidadosamente elaborado — além de boa dose de criatividade. Na verdade, os relatos das atividades desenvolvidas, mais do que modelos a serem seguidos, evidenciam um movimento a ser construído no dia-a-dia, um fluxo onde se integram os conhecimentos matemáticos aos de outras áreas, onde se promovem atitudes enriquecedoras, fazendo com que os alunos de fato se apropriem do conhecimento.

Os professores interessados encontrarão, neste material, apenas pistas para orientar seu próprio trabalho, que cada um desenvolverá segundo sua criatividade e as características de suas classes. Na verdade, em vez de se propor a resolver problemas, as autoras deste texto esperam apenas estar colocando, para os leitores, uma nova e interessante situação-problema.

REFERÊNCIAS BIBLIOGRÁFICAS

ABRANTES, Paulo. Um (bom) problema (não) é (só)... *Educação em Matemática*. Lisboa, n. 8, p.7-10, 1989.

FERNANDES, Domingos. Aspectos metacognitivos na resolução de problemas de Matemática. *Educação em Matemática*. Lisboa n. 8, p. 3-6, 1989

NATIONAL COUNCIL OF TEACHERS OF MATHEMATICS. *Estandares curriculares y de evaluación para la educación matemática*. Sevilha (ESP). UTRETA. 1991

BAKER, Dave; SEMPLE, Cheryl; STEAD, Tony. *How big is the moon?* Whole maths in action. Portsmouth (New Hampshire, EUA): Heinemann, 1990

LACHAUSSÉE, Danièle. *Geométric dans l'école élémentaire:* cycle des approfondissements. Amiens (França): CRDP de Picardie; Centre Départemental de Documentatión Pédagogique de l'Aisne, 1993.

MEIRIEU, Philippe. *Apprendre... oui, mais comment*. Paris: ESF, 1993 (Collection Pedagogie).

SÃO PAULO (Cidade). Secretaria Municipal de Educação. Movimento de Reorientação Curricular. *Matemática*. São Paulo, 1992.

SÃO PAULO (Estado). Secretaria de Estado da Educação (CENP) - Coordenadoria de Estudos e Normas Pedagógicas. *Proposta curricular para o ensino de Matemática* - 1º Grau. São Paulo, 1988.

BIBLIOGRAFIA RECOMENDADA

D'AMBROSIO, Ubiratan. *Da realidade à ação:* reflexão sobre educação e Matemática. Campinas: Summus, 1986.

DANTE, Luís Roberto. *Didática de resolução de problemas de Matemática.* São Paulo: Ática, 1989.

COLEÇÃO VIVENDO A MATEMÁTICA (IMENES, Luís Márcio, MACHADO, Nilson J., eds.). São Paulo: Scipione.

O CENPEC – Centro de Pesquisas para Educação e Cultura foi criado em maio de 1987 com o objetivo de realizar pesquisas e estudos científicos na área educacional, sendo uma entidade autônoma, sem fins lucrativos, que vem desenvolvendo trabalhos em uma perspectiva interdisciplinar para discutir e analisar as teorias e metodologias existentes, em suas implicações para as práticas ligadas à transmissão cultural.

O CENPEC teve duas produções premiadas em 1995, recebendo o Prêmio Jabuti da Câmara Brasileira do Livro, na categoria de livro didático, por sua produção *Letra Viva* e o material *Raízes e Asas*, criado por esta instituição com o apoio da Unicef e do Banco Itaú, recebeu o Prêmio Eco, distribuído pela Câmara Americana de Comércio na Categoria Educação.

Leia Também

ACELERAÇÃO DE ESTUDOS

Equipe do CENPEC

Fruto do trabalho desenvolvido com a finalidade de enfrentar os problemas da repetência e do abandono escolar, por meio de uma proposta curricular de aceleração de estudos, este livro retrata o compromisso político de apoiar o sistema público de ensino, reconhecendo na exclusão escolar reflexos da exclusão sócio-econômica. REF. 10760.

DESENVOLVIMENTO E APRENDIZAGEM EM PIAGET E VYGOTSKY

A relevância do social

Isilda Campaner Palangana

Este livro analisa as propostas e as bases teóricas e metodológicas de Piaget e Vygotsky quando articulam o desenvolvimento e a aprendizagem a partir de uma perspectiva interacionista. Destaca o valor e a função do ambiente social dentro do interacionismo construtivista de Piaget e do sociointeracionismo de Vigotsky. REF: 10762.

DA SEDUÇÃO NA RELAÇÃO PEDAGÓGICA

Professor-aluno no embate com afetos inconscientes

Maria Aparecida Morgado

O livro preenche uma lacuna nas discussões sobre a relação pedagógica, causa de constante tensão e, freqüentemente, de seqüelas irreversíveis. Abordando a complexidade dessa relação, a obra responde a muitas questões sobre a interferência da emoção no processo ensino-aprendizagem. REF. 10765.

IMPRESSO NA GRÁFICA sumago

sumago gráfica editorial ltda
rua itauna, 789 vila maria
02111-031 são paulo sp
tel e fax 11 **2955 5636**
sumago@sumago.com.br

dobre aqui

Carta-
-resposta
9912200760/DR/SPM
Summus Editorial Ltda.
CORREIOS

CARTA-RESPOSTA

NÃO É NECESSÁRIO SELAR

O SELO SERÁ PAGO POR

grupo
editorial
summus

AC AVENIDA DUQUE DE CAXIAS
01214-999 São Paulo/SP

dobre aqui

recorte aqui

summus editorial

CADASTRO PARA MALA DIRETA

Recorte ou reproduza esta ficha de cadastro, envie completamente preenchida por correio ou fax, e receba informações atualizadas sobre nossos livros.

Nome:__________ Empresa:__________
Endereço: ☐ Res. ☐ Coml. __________ Bairro:__________
CEP: ______-____ Cidade: __________ Estado: ____ Tel.: (   ) __________
Fax: (   ) __________ E-mail: __________ Data de nascimento: __________
Profissão:__________ Professor? ☐ Sim ☐ Não Disciplina: __________

1. Você compra livros:

☐ Livrarias
☐ Telefone
☐ Internet
☐ Feiras
☐ Correios
☐ Outros. Especificar:__________

2. Onde você comprou este livro?

____

3. Você busca informações para adquirir livros:

☐ Jornais
☐ Revistas
☐ Professores
☐ Amigos
☐ Internet
☐ Outros. Especificar:__________

4. Áreas de interesse:

☐ Educação
☐ Psicologia
☐ Corpo, Movimento, Saúde
☐ Comportamento
☐ PNL (Programação Neurolinguística)
☐ Administração, RH
☐ Comunicação
☐ Literatura, Poesia, Ensaios
☐ Viagens, *Hobby*, Lazer

5. Nestas áreas, alguma sugestão para novos títulos?

____

6. Gostaria de receber o catálogo da editora? ☐ Sim ☐ Não

7. Gostaria de receber o Informativo Summus? ☐ Sim ☐ Não

cole aqui

Indique um amigo que gostaria de receber a nossa mala direta

Nome:__________ Empresa:__________
Endereço: ☐ Res. ☐ Coml. __________ Bairro:__________
CEP: ______-____ Cidade: __________ Estado: ____ Tel.: (   ) __________
Fax: (   ) __________ E-mail: __________ Data de nascimento: __________
Profissão:__________ Professor? ☐ Sim ☐ Não Disciplina: __________

summus editorial
Rua Itapicuru, 613 – 7º andar 05006-000 São Paulo - SP Brasil Tel.: (11) 3872 3322 Fax: (11) 3872 7476
Internet: http://www.summus.com.br e-mail: summus@summus.com.br